新课程

方案下基于KPI的

教师教学评价机制研究

高玉库 / 主编

北京燕山出版社
BEIJING YANSHAN PRESS

图书在版编目（CIP）数据

新课程方案下基于KPI的教师教学评价机制研究／高玉库主编. — 北京：北京燕山出版社，2021.12

ISBN 978-7-5402-6163-4

Ⅰ. ①新… Ⅱ. ①高… Ⅲ. ①师资培养—研究 Ⅳ.
①G451.2

中国版本图书馆CIP数据核字（2021）第174459号

新课程方案下基于KPI的教师教学评价机制研究

主　　编	高玉库	
责任编辑	李　涛	
出版发行	北京燕山出版社	
地　　址	北京市丰台区东铁匠营苇子坑138号C座	
电　　话	010-65240430	
邮　　编	100079	
印　　刷	北京政采印刷服务有限公司	
经　　销	新华书店	
开　　本	170mm×240mm　16开	
字　　数	176千字	
印　　张	9.75	
版　　次	2022年4月第1版	
印　　次	2022年4月第1次印刷	
定　　价	45.00元	

目 录
CONTENTS

新课程方案下普通高中教师评价原则初探

深圳市第二高级中学　王　健

2014年9月，国务院下发《关于深化考试招生制度改革的实施意见》，对高考改革进行了总体部署。随后，浙江、上海两地发布了各自的高考改革方案，对新高考改革下的考试招生模式和实施路径进行了探索。时隔四年，2018年，广东、辽宁等省份正式加入，标志着超过一半的省份已经进入新一轮招生制度改革。实施后的三年中，新旧高考模式并存的现状直接冲击了普通高中学校传统的教育教学模式，也考验着每一所普通高中学校领导者的办学能力和学校治理能力。新高考方案的实施将在很大程度上影响高中的定位、教学和教育管理中心，可能引发高中教学和评价的连锁效应，促进高中教育转型。

高考招生制度改革在对普通中学的教育教学带来各方面冲击的同时，也给普通高中学校的发展带来了新的历史性机遇，即既要面对配置的波动性挑战，又要做到教师评价更加科学有效，以引领教师适应新高考方案下的岗位职责。正如著名教育评价专家斯塔弗尔比姆强调的，评价"不在于证明，而在于改进"。因此评价应该发挥其对教师发展的促进作用。自第一轮课程改革实施以来，教师绩效评价工作的重要性已经被各层次学校意识到，并且结合教师评价的各个方面从不同的角度进行了适当的探索，取得了长足的进步，达到了一定程度的预期目标。但是自教师评价实施以来，中小学普遍存在的一些问题困扰着学校的发展和教师自身专业的发展。

一、评价的目的不明确

绩效管理的目的是促进教师工作成效的提高，培养出更多能够全面发展的综合型学生，以此促进教师和学校的共同发展。中小学教师绩效工资是除中小学教师基本工资以外，根据教师的工作业绩、工作能力、工作态度等给予教师的薪酬。但是对于如何确定这些数额的标准并没有清晰地界定。

二、评价的指标不科学

在进行教师评价时，由于教师自身目标的差异、自身素质和能力的差异，教师的专业能力也可能存在差异。因此，无差异的评价可能无法得到科学的评价结果，有可能影响教师评价的整体效果。从评价的具体指标来看，评价内容设置的科学性和合理性也可能存在不足。普通高中教师的主要任务是开展教学管理和学生管理，由于学段和学生的差异，评价指标和内容应该体现差异化。

三、评价的过程不完善

在进行教师评价的过程中，教师的参与度相对偏低，教师群体没有关注和参与教师评价，造成评价工作的各个环节存在一定的不足，无法达到评价的预期目的。此外，教师评价内容本身不够完善，评价的实际应用价值无法达到预期效果，无法对教师的后续工作和长远发展做出正确的指引。教师评价结束后，组织者没有与教师进行沟通，导致教师对于工作的目的不明确。在评价结果反馈这个阶段，很多学校只是传达评价结果，没能就结果产生的原因与教师沟通，提出指导性意见，帮助教师提高自己的工作水平。

四、评价的效果不突出

调研发现，目前大部分普通中学教师实质上仍旧采用终结性的评价模式，即使某些学校采取一定程度的课堂上过程性评价尝试，但教师绩效评价大多是以学年（学期）、半学年（学期）为周期进行一次性集中考核的方式进行，这种考核方式无法真正体现教师的工作成效，无法科学呈现教师的工作状态和工作业绩，可能会挫伤教师群体的积极性。

综上所述，现行教师评价由于目的、指标、过程和效果的不足，没有发挥对教师自身成长、学校发展、学生发展的引导作用，已经对教师发展产生了一定的负面影响，亟须通过制度的调整来进行完善。结合目前教师教学评价出现的不足，各校应根据教师发展和新时期学校教育发展的要求，确定新时期普通高中教师评价原则，进行评价制度及机制的完善。

1. 战略性原则

不同阶段的教师，对于自身的发展可能存在着不同的期待。因此，教师的发展目标与学校整体目标可能无法趋同。如果教师评价没能体现对学校发展目标、内涵发展的支持，没能体现教师发展与学校发展的统一，评价指标没有根据学校的发展逐层分解到教师个体，教师完成绩效指标就会成为单纯履行岗位职责的过程。其直接后果就是教师评价不能引导教师的行为趋向学校的发展目标，使教师行为与学校发展目标脱节。因此，学校需要战略性校准教师行为与学校目标的关系，通过引导和调整教师的发展目标，使教师充分认识到自身发展应该服务于学校的发展，应该服务于学校使命及战略的实现，同时服务于自身需求及其职业进步。因此，学校要做好相关教师个体及学校整体发展的规划和实施，以学校的办学思想、办学理念、办学目标等为抓手，确保教师的努力方向和学校的办学发展方向一致。

2. 发展性原则

在战略性原则的基础上，教师评价要发挥对教师发展的引导作用，不仅关注教师自身的当前表现，更注重教师的长期发展。教师评价应该根据教师的现状和教师个人发展目标，通过提供给教师丰富、科学、详细的诊断性信息，帮助教师思考专业发展路径、发展方法、发展空间，促进教师自身素质的提高，从而提高教师提升岗位素质的能力。教师评价应该包含对教师进行定期或不定期的指导，如提供专题培训，实现对教师成长过程的关注、评价和引导。此外，教师评价应该包括合宜的讨论、管理与反馈机制，真正意义上实现奖励驱动与开发驱动，实现对教师全面发展的引导。

3. 系统性原则

在与学校发展目标一致的基础上，关注教师长远发展，教师评价应该考虑评价角度的系统性。教师评价应识别参与者，如评价者、被评价者以及其他利益相关者之间的关系，明确教学评价的内容、角度、过程及意义。系统性原则能考虑到不同参与者的利益诉求差异，从不同角度了解教师的工作表现。教学评价应该考虑不同主体的利益诉求，特别是解决教师与行政管理者之间一定程度的"对立"问题。此外，从被评价者的角度看待评价也极为重要。教师在教学中占据了主导地位，在教师评价中也应同样占据主导地位，评价是否有价值或者有多大价值的前提是教师的认可和接受。因此，让广大教师了解基于教师发展原则的评价制度、认同评价结果并积极参与评价是教师评价能否顺利、有效开展的必要前提。

4. 多元化原则

新高考方案下，新时期教师的角色定位已经远远超出传统意义上的教学、科研、学生这三个维度，需要有更为宽泛的角色和定义来匹配教师评价的范围。

普通高中的岗位之间、学科之间、年级之间、教师劳动成果之间存在区别，研究探索的方法、成果取得的周期和成果的形式都不同，单一视角下的教师评价使得教师的发展空间日益逼仄。因此，教师评价内容的分类应更丰富，指标、标准更具差异性，能更加全面、差异与动态地反映教师角色的变迁。根据教师发展的自主性，依据战略性原则、发展性原则和系统性原则，允许一些教师根据自己的特长来调整工作的重点，相应地引出教师职责的动态选择方案，不把指标绝对化，对于不同学科、不同阶段，应采取不同的绩效目标和评价方法，以期形成多层次、多方位、多角度的教师评价方案。

5. 精准性原则

在教师评价的过程中，评价内容要全面反映学校对教师素质的要求。关键评价指标的确定需要精简、关键、可控，要根据教师所在岗位的差异，按岗定责、按责评价，从能够促使完成岗位目标的各方面因素中提取出完成目标的必备因素。教师评价要坚持引导教师队伍的"立德树人"，要高度重视师德评价，将教书育人、学术诚信作为评价的首选内容，将思想意识、言行举止纳入师德行为规范的范畴，排在教师评价的首位，实行师德评价在教师评价中一票否决制。在普通高中，在师德评价的基础上，对于行政人员的工作评价，可以通过教学工作及行政岗位完成情况，由主管学科领导及行政领导、同事及相关责任人就具体工作进行多角度评价；对于科任教师的教学评价，可以从教学工作的常规情况、学生的考试成绩、教师的备课情况、完成学校教学任务的情况、学校其他服务等方面进行评价；对于班主任教师，在科任教师评价的基础上，班级管理能力这一指标也应该作为评价的重点。

新课程方案的实施为普通高中进一步释放教师发展空间、挖掘教师潜力和促进教师发展提供了历史性的机遇。教育是国之大计、党之大计，教师是教育的第一资源，承载着为党育人、为国育才的历史使命，肩负着培养社会主义建设者和接班人的时代重任。不断努力完善教师评价制度，让教师全身心投入教书育人工作，落实好立德树人根本任务，是各级党委和政府的职责所在，是全社会尊师重教的基本体现。

参考文献：

［1］屠永永，刘红霞.新高考改革对普通高中学校管理的影响研究［J］.教育观察，2018（7）：3-6.

［2］乐毅，陈雯.新一轮高考改革对普通高中教育的影响［J］.教育理论与实践，2017（26）：6-9.

［3］张亚群，刘淼.高考综合改革的影响与对策［J］.湖北大学学报（哲学社会科学版），2017（4）：97-103.

［4］刘静.高考改革背景下高中生涯规划教育的重新审视［J］.教育发展研究，2015（10）：32-38.

［5］王纯磊.以发展性评价为价值取向建构多元的教师评价机制［J］.教学与管理，2014（6）：139-141.

［6］王晓楠.基于KPI的中小学教师绩效评价分析研究［J］.才智，2018：120-122.

［7］于维涛.以相对性评价促进普通高中教学质量的提高［J］.当代教育科学，2013（4）：23-25.

［8］何孔潮，陈忠勇，林瑞华.中学教师课堂教学评价变革的思考［J］.教育科学论坛，2008（9）：24-26.

［9］史晓燕.教师教学质量评价机制探索［J］.教育论坛，2014（3）：48-50.

高考化学新考点及其对化学教学的启示

——以2018、2019年高考化学试题为例

深圳第二高级中学　王艳丹

新高考改革对教学提出了新的要求。2019年11月，教育部考试中心研制的《中国高考评价体系》和《中国高考评价体系说明》从高考的核心功能、考查内容、考查要求三个方面回答了"为什么考，考什么，怎么考"的考试本源性问题，从而给出了"培养什么人，怎样培养人，为谁培养人"这一教育根本问题在高考领域的答案。高考评价体系由"一核""四层""四翼"组成。其中，"一核"是高考的核心功能，即"立德树人、服务选才、引导教学"，回答"为什么考"的问题；"四层"为高考的考查内容，即"核心价值、学科素养、关键能力、必备知识"，回答"考什么"的问题；"四翼"为高考的考查要求，即"基础性、综合性、应用性、创新性"，回答"怎么考"的问题。

高考化学命题贯彻落实发展素质教育和深化高考考试内容改

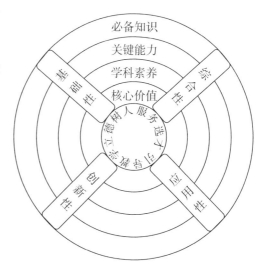

革的要求，以高考评价体系为依托，选取各种类型的情境素材，通过科学规范的试题设计，考查考生信息获取及加工能力、推理论证能力、实践与创新能力，贯彻"必备知识、关键能力、学科素养、核心价值"的考查目标，助力学生全面发展，推动素质教育发展。高考命题要求坚持基础性、综合性、应用性和创新性。本文结合高中化学学科进行分析。结合高考评价体系，高考化学命题如何体现基础性、综合性、应用性和创新性？试卷中应包含一定比例的基础性试题，引导学生打牢知识基础；试题之间、考点之间、学科之间相互关联，交织成网，对学生素质进行全面考查；使用贴近时代、贴近社会、贴近生活的素材，鼓励学生理论联系实际，关心日常生活、生产活动中蕴含的实际问题，体会课堂所学内容的应用价值；合理创设情境，设置新颖的试题呈现方式和设问方式，促使学生主动思考，善于发现新问题、找到新规律、得出新结论。这提示我们，在复习备考过程中，一定要避免将高考评价体系中的考查要求与具体试题机械绑定。比如，新时代的高考重点考查学科核心素养，这一考查目标应该通过试卷的整体设计来实现，而不是机械地落实到某一道试题或某一类试题上。结合《中国高考评价体系》和《中国高考评价体系说明》，笔者对2018年和2019年高考化学试题中的新变化、新题型进行了汇总分析，希望对教学、备考有所帮助。

一、高考的导向性

1. 基础性：强调基础扎实

高考关注主干内容，关注学生今后生活、学习和工作所必须具备、不可或缺的知识、能力和素养，因此要求学生对这一部分内容的掌握扎实牢靠，只有根深才能叶茂。例如，2019年全国I卷第7题：陶瓷是火与土的结晶，是中华文明的象征之一，其形成、性质与化学有着密切的关系。下列说法错误的是（　　　）

A. "雨过天晴云破处"所描述的瓷器青色，来自氧化铁

B. 闻名世界的秦兵马俑是陶制品，由黏土经高温烧结而成

C. 陶瓷是应用较早的人造材料，主要化学成分是硅酸盐

D. 陶瓷化学性质稳定，具有耐酸碱侵蚀、抗氧化等优点

此题答案为A。对于此题分析及备考启示如下："瓷器青色，来自氧化铁"，青色可能是铁、氧化亚铁、四氧化三铁的颜色，它们来自氧化铁的还原产物。这道题目B、C、D源于教材，考查的就是基础知识。

2. 综合性：强调融会贯通

高考要求学生触类旁通、融会贯通：既包括同一层面、横向的融会贯通，也包括不同层面之间的、纵向的融会贯通。以必备知识为例，各个知识点之间不是割裂的，而是处于整个知识网络之中。必备知识与关键能力、学科素养、核心价值之间紧密相连，形成具备内在逻辑联系的整体网络。例如，2019年的全国第I卷第9题：实验室制备溴苯的反应装置，关于实验操作或叙述错误的是（　　　　）

A. 向圆底烧瓶中滴加苯和溴的混合液前需先打开K

B. 实验中装置b中的液体逐渐变为浅红色

C. 装置c中碳酸钠溶液的作用是吸收溴化氢

D. 反应后的混合液经稀碱溶液洗涤、结晶，得到溴苯

此题的答案为D。该题源于人教版必修2第70页"苯的取代反应"，属于源于教材高于教材、体现"基础性"和"综合性"的好题。

3. 应用性：强调学以致用

高考命题关注与国家经济社会发展、科学技术进步、生产生活实际等紧密相关的内容。为避免考试和生活学习脱节，高考坚持应用导向，鼓励学生运用知识、能力和素养去解决实际问题。例如，2018年全国I卷等13题以协同去除二氧化碳、硫化氢的新型电化学转化装置为背景考查电化学的基本原理。甲烷和二氧化碳催化重整不仅可以得到合成气，还对温室气体的减排具有重要意义。再如，2018年全国Ⅱ卷第36题以葡萄糖以及用葡萄糖为原料制得的山梨醇和异山梨醇等生物质转化平台化合物为背景。以上几题都侧重考查化学物质与实际生产生活的应用。

4. 创新性：强调创新意识和创新思维

高考关注与创新相关度高的能力和素养，如独立思考能力、发散思维、逆向思维等；考查学生敏锐发觉旧事物缺陷、捕捉新事物萌芽的能力；考查学生进行新颖推测和设想并严谨论证的能力；考查学生探索新方法积极主动解决问题的能力，鼓励学生勇于摆脱思想的束缚，大胆创新。例如，2019年海南卷第16题第3小题：$Li-SO_2$电池具有高输出功率的优点。其正极为可吸附SO_2的多孔碳电极，负极为金属锂，电解液为溶解有$LiBr$的碳酸丙烯酯–乙腈溶液。电池放电时，正极上发生的电极反应为$2SO_2+2e^-=S_2O_4^{2-}$，电池总反是什么？这个题目属于创新题，出现了无原理图的实用电池。2019年高考已经有不按套路出牌的趋势，出现很多新题型、新变化，这要引起我们足够的重视。

二、高考化学新考点与新考法

（一）新考点

（1）手性碳：2019年全国卷Ⅰ第36题结合手性碳的定义，要求用星号（＊）标出B中的手性碳。

（2）钡的焰色反应：2019年全国卷Ⅱ第26题对其进行了考查，该考点是复习备考的盲点，来源于教材，提示教师要多关注教材。

（二）新考法

1. 冷点凸现

（1）最大能垒（活化能）：2019年全国卷Ⅰ第28题以金催化剂表面上水煤气变换的反应历程为载体考查最大能垒（活化能）。

（2）方程式正误判断：该知识点近几年未单独考查过，但属于重要知识点，2019年全国Ⅱ卷第11题重新对其进行了考查。

2. 淡化题型类别

（1）综合实验题中出现流程图：2019年全国卷Ⅰ第27题以流程图的形式考查综合实验，淡化了工艺流程题和实验题的分类；全国卷Ⅱ第28题结合流程图考查有机实验，淡化了工艺流程题和实验题的分类。

（2）电解质溶液知识与物质的量浓度结合：往年两者各自单独命题，2019年全国卷Ⅲ第11题将二者结合在一起命题，以电解质溶液知识为主，淡化了题型分类。

3. 题型设计新

（1）晶胞结构新颖：首次在晶胞计算考点中出现拉维斯结构，并结合对角面截图进行设题，晶胞结构新，信息量大，考查内容较多。（2019年Ⅰ卷第35题）

（2）离子交换法净化水：以离子交换法净化水过程示意图为载体，考查离子反应。首次出现这种考法，材料新，信息给予形式新。（2019年Ⅲ卷第10题）

（3）选考题中考实验探究：首次在有机化学基础的选考题中考查反应产率影响因素的探究实验，考查形式新。（2019年Ⅲ卷第36题）

三、高考化学新考点与新增考点对化学教学的启示

（一）对化学课程标准的新认识

1. 弘扬中国传统文化

习近平总书记在多个场合谈到中国传统文化，表达了对传统文化、传统思想价值体系的认同与尊崇。2015年5月4日，他与北京大学学子座谈，也多次提到核心价值观和文化自信。习近平在国内外不同场合的活动与讲话中展现了中国政府与人民的精神志气，提振了中华民族的文化自信。2019年高考化学试题积极贯彻全国教育大会精神，把握新时代的育人方向，落实新时代的育人要求，助力培养德智体美劳全面发展的人；持续深化高考考试内容改革，全面落实"一核""四层""四翼"高考评价体系的要求，精选试题情境，呈现真实问题，加强对关键能力的考查，彰显教育改革的鲜明导向；精选情境，弘扬爱国主义，增强民族自豪感，选取我国古代文化和科技典籍中有关情境，增强文化自信，呈现我国科学家发表的世界领先的科技成果，增强科技成就感。例如，2019年全国Ⅰ卷第7题：陶瓷是火与土的结晶，是中华

文明的象征之一,其形成、性质与化学有着密切的关系,闻名世界的秦兵马俑是陶制品,由黏土经高温烧结而成。

2. 发挥学科育人功能

近年的高考化学挖掘古代科技文献,以我国古代化学化工成果为情境命制试题。例如,2018年全国Ⅱ卷第26题中提到"我国是世界上最早制得和使用金属锌的国家"。2018年全国Ⅲ卷第35题中提到"《中华本草》等中医典籍中,记载了炉甘石(碳酸锌)入药,可用于治疗皮肤炎症或表面创伤"。这些试题展示了中华优秀科技成果对人类发展和社会进步的贡献,引导学生自觉传承我国科学文化,弘扬科学精神。科技兴则民族兴,科技强则国家强。近年高考化学试题呈现了我国化学领域最近取得的重大创新科研成果。例如,2018年全国Ⅰ、Ⅱ卷选取了我国科学家发表在化学顶级刊物上的"一种对天然气中二氧化碳、硫化氢的高效协同去除转化装置""一种室温下可呼吸的钠、二氧化碳二次电池",在考试中弘扬社会主义核心价值观个人层面的爱国精神,落实立德树人的根本任务。

3. 聚焦化学学科核心素养

近年的高考化学试题情境来源于生产、生活、社会及科研实际,将与化学学科联系紧密的环保、医药、材料、能源等交叉学科内容作为试题素材,考查学生合理正确地使用化学原理与技术分析解决实际问题的能力,既可以引导学生认识与化学有关的社会热点问题,形成可持续发展意识和绿色化学观念,又体现了高考评价体系中的应用性和综合性考查要求。例如,2018年全国Ⅱ卷第8题和Ⅳ卷第12题就是在这样的背景下,以雾霾形成机理的最新研究成果为素材,考查雾霾形成过程中无机颗粒物的化学基本概念,分析雾霾酸度增大的催化过程和机理。又如,2018年全国Ⅳ卷第10题考查化学品在水处理工程中的应用。给水处理涉及广大人民群众的饮用水安全保障。在水处理工程中,絮凝剂的使用非常普遍,其对于水体悬浮物脱除有助力效果。提供绿色生产技术试题,让学生分析生产过程中的化学方法和技术,体现了化学科学为绿色生产和清洁能源的开发提供技术支撑。再如,2018年全国Ⅰ卷第13题以协同去除二氧化碳、硫化氢的新型电化学转化装置为背景考查电化学的基本原理。甲烷和二氧化碳催化重整不仅可以得到合成气，还对温室气体的减排具有重要意义。再如，2018年全国Ⅱ卷第36题以葡萄糖以及用葡萄糖为原料制得的山梨醇和异山梨醇等生物质转化平台化合物为背景，考查有机化学的基本概念和方法。

（二）对化学课本的新认识

1. 体现STSE特色并回归课本

化学与生活、化学与科学、科技、社会，环境等STSE知识能充分体现化学特色，试题的命题向深入化、真实情境、最新科技成果等方向发展，充分体现了学以致用，淡化了死记硬背。例如，2018年全国Ⅰ卷第8题属于回归教材的很好的例子：下列说法错误的是（　　　　）

A. 蔗糖、果糖和麦芽糖均为双糖

B. 大多数酶是一类具有高选择催化性能的蛋白质

C. 植物油含不饱和脂肪酸酯，能使Br_2/CCl_4褪色

D. 淀粉和纤维素水解的最终产物均为葡萄糖

此题的答为A。本题涉及的有机物知识源于人教版化学必修2第三章第四节"基本营养物质"71～74页，如葡萄糖和果糖是单糖，淀粉和纤维素水解的最终产物都为葡萄糖，酶是生物体内重要的催化剂等。此类题型通常选择最新科技成果、现代前沿科学、技术以及社会、环境等热门话题作为载体，问题设计源于教材，主要考查基本的化学知识。此题的命题意图为：考查基本营养物质。这类试题的特点是：起点高、落点低，着重考查学生的基础化学知识、基本科学素养，是高考选择题出现频率较高的一类题型。

2. 突出学科特点，重视化学实验，增强实验意识

《中国高考评价体系》要求我们更加关注实验的以下几个方面：

（1）常见实验仪器的识别及其使用。

（2）化学实验的基本操作。

（3）物质的分离与提纯、物质的检验、物质的制备。

（4）化学实验原理的分析、化学实验成败分析。

（5）实验现象的观察与描述及对实验数据的分析和处理。

（6）实验装置的原理分析。

（7）课本上的科学实验探究。

（8）化学实验方案的设计与评价。

（9）化学定量实验问题（中和滴定、氧化还原滴定、沉淀分析）。

（三）化学试题对发展学生综合能力的新认识

1. 考查必备知识，测评关键能力，促进学生全面发展

高考化学试题考查学生必备化学知识，包括化学语言与概念、物质结构与性质、反应变化与规律、物质转化与应用、实验原理与方法等。对这些必备知识的考查有利于学生打牢地基，巩固发展的基础。高考化学试题通过精心设置问题，在考查化学基础知识和基本原理的同时，测评学科关键能力，评价科学态度和价值理念等学科素养，对学生的综合素质进行全面评价，促进学生科学文化素质和思想道德素质的全面提升和发展。例如，2019年全国Ⅰ卷第7题辨析陶瓷及相关元素的物理化学性质，这道题考查化学必备知识的题目；2019年全国Ⅲ卷第7题辨析碘酒、铝合金、活性炭及高纯硅在生产生活中的应用，考查分析与推测能力；2019年全国Ⅰ卷第28题以水煤气变换为载体，要求学生在掌握化学反应原理的基础上，根据实验数据关系图表，运用化学基本原理正确分析反应过程的能量变化，判断反应历程和机理，推测温度等因素对反应速率及平衡变化的影响，这考查了学生从复杂题目中提取化学信息的能力。

2. 侧重考查思辨能力，同时体现对创新思维的考查

高考化学试题对理解与辨析能力、分析与推测能力、归纳与论证能力、探究与创新能力等关键能力进行重点考查。关于理解与辨析能力、归纳与论证能力，如2019年全国Ⅲ卷第36题要求对比分析不同碱、不同溶剂对合成反应的影响，进而论证不同条件对Heck反应的影响，归纳条件温和、试剂简单、转化率高的合成反应条件；探究与创新能力，如2019年全国Ⅰ和Ⅲ卷的第38题要求学生利用题目给出的合成方法，独立思考，设计有机物的合成路线，体现对创新思维的考查。

3. 提高检索识别文献的能力，以展现最新成果，增长知识与见识

2019年高考化学多数试题是以学术专著、科技期刊、会议论文、技术专利等资料为素材背景编写的，以这些文献为基础命制的试题有利于开阔学生的科学视野，让学生通过试题情境认识化学学科价值，从而增长知识、见识。例如，2019年全国Ⅰ卷第35题以我国科学家在顶级刊物 *Nature* 上发表的"制备双相纳米高强度镁合金的方法"为情境，给出拉维斯相的 $MgCu_2$ 晶体结构，考查原子核外电子排布和能级、化合物中成键原子的轨道杂化形式、分子构型、晶体结构及其性质等内容。

（四）对教学方法与方式的新认识

（1）熟悉《中国高考评价体系》和《中国高考评价体系说明》，结合研究高考试题，明确高频考点、热点，以及近几年未考查的核心知识，做到心中有数，复习有的放矢。

（2）针对重要的题型或知识点，精耕细作，建立模型。

（3）重视教材实验，切忌生搬教材套路，硬套答题模板；掌握操作的来龙去脉，现象的观察与描述；不能用"黑板实验"代替实验教学，不能用"讲实验"代替"做实验"；可以适当增设演示实验，进实验室重温经典实验，拓展学生思维的深度，提高学生的实验能力和解决问题的能力；注重真实情境下学生对实验原理、装置、操作等知识和方法的认知、理解、重构和再运用；要明确实验目的，特别是实验一般程序：操作→现象→结论；常规仪器、操作程序、现象描述等能够正确、规范表达养成统揽全局，克服按部就班答题的习惯，后面的问题设置对前面的分析解答可能有帮助。

（4）强化高考评价体系的"一核""四层""四翼"，如用新情境试题、非连续文本（图像、表格）等形式的题型介入，训练学生的多层次思维素质（敏捷性、严密性、整体性）。

高考评价体系的科学构建是发挥高考正向指挥棒作用、完善立德树人体制机制的重要举措。高考评价体系创造性地将立德树人的根本任务融入考试评价的全过程，以实现高考评价目标与素质教育目标的内在统一，切实将高考打造成为立德树人的重要载体和素质教育的关键环节，使之成为德智体美劳全面培养教育体系的有机组成部分。高考评价体系将国家和高校的选才需求与素质教育育人目标联通，是实现"招—考—教—学"全流程各个环节无缝衔接、良性互动的关键。高考评价体系有利于实现学生健康成长、国家科学选才、社会公平公正的有机统一，对发展素质教育、推进教育公平、促进教育均衡发展具有重要意义。

传统的化学课堂仅仅把教和学作为课堂教学的重要内容，而教学评价往往游离在化学课堂之外，它强调的是选拔和甄别学生的功能，注重终结性评价：通过纸笔测试的方式，单一对学生的学习结果进行评价，而这种评价，没有将教学评价结合到实际的课堂当中，出现了有教学但无课堂评价，有课堂评价但与学习目标不一致的现象，也就是化学教学和教学评价无关，教学评价并没有充分发挥其促进学生发展、教师提高和改进教学实践等方面的功能。高考评价体系的理念已在近年的高考内容改革及命题当中逐步体现，为保持高考命题的稳定性奠定了基础；同时，高考评价体系也是一个开放的、动态发展的体系，将根据党和国家对高考内容改革的要求以及高等教育、基础教育新的发展特点，在高考内容改革的实践中，不断完善和发展。高中化学学科的教学应该以《中国高考评价体系》和《中国高考评价体系说明》为蓝本，指导教学。

参考文献：

[1] 教育部考试中心. 中国高考评价体系 [M]. 北京：人民教育出版社，2019.

[2] 教育部考试中心. 中国高考评价体系说明 [M]. 北京：人民教育出版社，2019.

[3] 首都师范大学特级教师工作中心. 面向课程改革的新思考 [M]. 北京：首都师范大学出版社，2011.

新课程标准下高中物理教学的实施探索与过程评价

深圳市第二高级中学　王君贺

2014年，《国务院关于深化考试招生制度改革的实施意见》出台，对加强高考内容改革顶层设计提出要求，明确指出要依据高校人才选拔要求和国家课程标准，科学设计命题内容。

2018年1月，教育部印发《普通高中物理课程标准（2017年版）》，简称《课程标准》，将"物理观念、科学思维、科学探究和科学态度与责任"作为物理学科的四个核心素养。

2020年6月30日，习近平主持召开中央全面深化改革委员会第十四次会议并发表重要讲话。会议审议通过了六份文件，其中，针对教育评价改革的《深化新时代教育评价改革总体方案》首次系统地提出"四个评价"。会议指出，教育评价事关教育发展方向，要全面贯彻党的教育方针，坚持社会主义办学方向，落实立德树人根本任务，遵循教育规律，针对不同主体和不同学段、不同类型教育的特点，改进结果评价，强化过程评价，探索增值评价，健全综合评价，着力破除唯分数、唯升学、唯文凭、唯论文、唯帽子的顽瘴痼疾，建立科学的、符合时代要求的教育评价制度和机制。

我校在寄宿制高中物理教学实施过程中有诸多探索和实践经验与建议，

下面参照《课程标准》的教学活动设置与安排以及教学中所遇到的问题做一点总结，与读者分享。

一、参照《课程标准》网格化安排课程的探索

1. 总体思路

原有"三维教学目标"涵盖"知识与技能、过程与方法和情感态度与价值观"三个维度。《课程标准》的四个核心素养对比"三维教学目标"应该是既有继承又有所发展的。同时，《课程标准》又将物理学科核心素养划分为5个水平，根据不同的知识结构和学生认知能力适当调整水平要求。《普通高中物理课程标准（2017年版）解读》的数据显示，超过95%的教师认为物理课程内容的广度与难度基本符合学生的认知特点与水平；且有92.84%的教师严格依据或基本依据课程标准与教材开展科学探究的内容。我校的总体情况也是大致如此。

在近几年的原高考模式下，我校在高一学年第二学期已经分开文理科教学。我们提出"三年一盘棋"的总体规划，在教学中渗透"真实、扎实、朴实"的"三实"理念，既要满足中等学习能力的学生"跳一跳，摸得着"的总体难度要求，也规划了物理学科的学优生选修的校本课程，引导学生形成清晰的物理观念，积极推进学生获取终身学习能力的物理思维和科学探究精神的培养。

2. 课程规划

我校对课程总体规划更加细致，把每个学期学习内容分到每一课时。学时绝不可粗略估计，我们根据校历规划，精细地算到法定假期安排、学校集体活动、学段考试和阶段性复习检测及其试卷讲评课、学生分组实验课和必要的重点补充习题课等，这些都以表格的形式在计划中详细地对应扣除，让每一位教师都能非常清楚地看到目标任务。这样我们就能尽可能准确而又细致地规划每一堂课应该计划到哪里，教师在每个章节和课时应该讲清楚的内容和学生应该落实的必备知识。在合理的总体框架下，教师可以根据各班级学情再做适度调整，酌情拓展知识或是调整难度。每一个学期都有具体可行

的规划。而对物理思维这一关键能力的培养则要贯穿三年物理课堂教学，一点一滴地渗透和积累。

3. 时间安排

在高一上学年未分文理科教学，每周物理安排3课时，高一下学期文理分开教学，其中理科班（以后变为选择物理科的班级）安排4课时。每一个主题内容组内都有一位教师在前一周作为主要发言人分享自己的教学设计并提供系统参考资料，包括哪些作为必学，哪些作为选讲、选做等；提交科组会共同讨论后，其他老师根据所提供方案和讨论的合理建议再根据各班学情形成个人的教学设计。

笔者曾参与讨论并执笔编写了高一学年的计划，学期初编制了一份表格做规划，括号中字母A、B、C、D分别代表组内一位教师。下面展示的表格是以2016级在原高考背景下高一下学期理科班教学安排（根据实际教学需要又有微调，这是修正之后具体执行的教学活动安排）：

周次	课时一	课时二	课时三	课时四	备注
1	学情摸底测试试卷讲评	5.1-1曲线运动（A）	5.1-2运动的合成与分解（原则、矢量性）（A）	5.1-3运动的合成与分解（船渡河、连接体基本问题）（A）	开学典礼（2.6）
2	5.2-1平抛运动（概念、分解）（B）	5.2-2平抛运动（常用规律、矢量性问题）（B）	5.2-3平抛习题课（参照重点，强化卷一）（B）	5.3实验：研究平抛运动（C）	
3	实验习题讲评	5.4-1圆周运动（描述、比例问题）（D）	5.4-2圆周运动（应用习题课）（D）	5.5-1向心加速度（意义和矢量性）（A）	
4	5.5-2向心加速度习题课（A）（需要补充学案）	5.6-1向心力（概念、方向及物理意义）（B）	5.6-2向心力（实验探究向心力大小与m、r和ω的关系）（B）	5.7-1生活中的圆周运动——水平面（C）	

周次	课时一	课时二	课时三	课时四	备注
5	5.7-2生活中的圆周运动——竖直面（C）	5.7-3生活中的圆周运动+离心现象（C）	5.8-1圆周运动习题课（含绳与杆、圆环与圆管的区别）（D）	5.8-2第五章曲线运动章末复习（D）	3.12第一次测验（命题A）
6	周末测试讲评	6.1行星的运动（开普勒三大定律）（A）	6.2+6.3-1万有引力定律的科学论证过程（B）	6.3-2万有引力定律（含用补偿法等求引力大小）（B）	
7	学段考试	学段考试	试卷讲评	6.4-1万有引力理论的成就（两种常用方法）（D）	第一学段考试（3.20—21）
8	6.4-2万有引力理论的应用二（密度问题）（D）	6.5-1宇宙航行（基本关系、宇宙速度）（A）	6.5-2宇宙航行（近地/同步卫星、赤道物体对比）（A）	6.5-3宇宙航行（变轨问题）（A）+6.6经典力学的局限性	清明节调换4.1上班
9	6.7-1万有引力复习一（开三+双星）（B）（第八周4.1上班）	清明放假	作业讲评	6.7-2万有引力定律的应用综合复习二（C）	清明假期（4.2—4）（4.9第二次测验命题B）
10	周末测试讲评	7.1-1能量+功（概念、合功）（D）	7.2-2功习题课（变力的功）（D）	7.3-1功率（含机车启动及图像）（A）	
11	7.3-2功和功率强化训练（A）	7.4重力势能（B）	7.4重力势能习题课（B）	7.5探究弹性势能的表达式（C）	

周次	课时一	课时二	课时三	课时四	备注
12	7.6+7.7探究功与速度变化的关系（动能和动能定理）（D）	7.7-2动能定理习题课（变通性）（D）	7.7-3动能定理习题课（多过程问题）（A）	7.7-4动能定理巩固习题课（A）	五一假期补充学案（多过程问题二）（A）
13	五一放假	作业讲评	7.8-1机械能守恒定律（基本问题）（B）	7.8-2机械能守恒定律应用一（B）	五一假期（4.29—5.1）
14	7.8-3机械能守恒定律应用二（B）	第五至七章总复习一（C）	第五至七章总复习二（参照重点强化卷五）（C）	第五至七章总复习三（C）	
15	学段考试	学段考试	试卷讲评	7.9-1实验：验证机械能守恒定律（D）	第二学段考试（5.15—16）
16	7.9-2实验：验证机械能守恒定律习题课（D）	7.10能量守恒定律与能源+机械能复习一（A）	第七章机械能复习二（参照章末分层突破）（A）	16.2-1动量和冲量（变化及矢量性）（B）	端午调休5.27上班（返校第三次测验命题C）
17	（5.27上班）16.2-2动量定理（B）	端午放假	测试与作业讲评	16.2-2动量定理习题课（假期作业C、D、A每人一套）	端午节放假（5.28—30）
18	高考放假	高考放假	高考放假	作业讲评1	高考（6.7—9）（5.31—6.4上课，5—9休息）
19	作业讲评2	16.3-1动量守恒定律（C）	16.3-2动量守恒定律习题课（C）	16.4-1动量守恒定律的应用一（碰撞）（B）	

新课程标准下高中物理教学的实施探索与过程评价

续 表

周次	课时一	课时二	课时三	课时四	备注
20	16.4-2动量守恒定律的应用二（子弹打木块）（B）	16.4-3动量守恒定律的应用三（能量问题）（B）	16.4-4实验：验证碰撞中的动量守恒（C）	16.5反冲运动（D）	
21	期末复习一（动量）（参照模块综合测评）（A）	期末复习二（曲线+圆周运动）（参照模块综合测评）（B）	期末复习三（万有引力）（C）	期末复习四（机械能＋动量）（D）	期末复习
22	学段考试	学段考试	试卷讲评	休业式	第三学段考试（7.3—4）结业式（7.8）
本学期共22周，其中节假日合计约1周，复习考试3周，实际上课约18周					

二、过程评价

1. 安排课程更为科学合理

2019年，教育部明确提出要构建包括"核心价值、学科素养、关键能力、必备知识"在内的高考考查内容体系，并制定了由"一核""四层""四翼"三部分内容组成的《中国高考评价体系》。这一体系无疑是最有效、最直接的指导高考命题走向的指挥棒，会积极引导高中物理三年教学的规划。

我们依据服务高校人才选拔的要求，围绕《课程标准》明确的物理学科核心素养，结合课程内容细化学业质量水平标准，较为合理地规划了三年的培养目标。高考考查要求的"四翼"（基础性、综合性、应用性、创新性）对于高一和高二阶段的教学则更应该注重的是其基础性和应用性，兼顾和鼓励创新性。教师要清楚"培养什么人"，积极探索"怎样培养人"的教育使命。

这份规划也不是生硬的，教师完全可以根据自身授课特点和学生接受能力以及课堂反馈、作业反馈、阶段性检测或学段考试等方式的反馈来选择即时达成，或在总体规定课时内通过螺旋式上升的方式在不同时段达成。

这样细化课时教学目标以后，教师的教学目标、学生的学业目标都非常明晰，每一课时或者每一个阶段性的主题我们都有明确的任务，也必须有合适的取舍。实际推行版和学期初规划版（篇幅所限不再展示）的差别非常小，达成的效果也非常好。说明我们的规划还是较为合理的，可行性很强。

2. 课堂设计更有针对性

既要课堂教学落到实处，又能对学业目标任务及时达成，我们就要追求真实又扎实的教学理念。

一是合理设计需要丰满之处，可以通过拓展相关知识讲授、设计精巧的演示实验、搜寻网络精彩小视频揭示生活现象中所用的物理原理等。例如，在2016级高一教学中我们就万有引力的问题拓展过黑洞的基本概念和理论；在2019年电影《流浪地球》火遍全国后，人类历史上首张黑洞"照片"公布；我们又参考了网上如李永乐老师等的讲座视频，及时在2019届的高三复习中拓展了电影中"引力弹弓"效应到底是怎么回事，洛希极限是什么，以及电影的科幻与物理学原理的合理性等问题；等等。我们精准地捕捉社会动态信息，及时应用物理学相关知识，加强对学生物理学的科学素养和人文素养的培养。

二是科学审慎地合并或删减一部分内容，如，对万有引力第二、三节的合并，对探究速度与合外力做功的关系与动能定理的合并等，在上述表格中都有体现。这样做优化了课堂结构，提高了课时利用率，课堂也更有时效性。

3. 对习题的取舍和质量要求更高

学生的认知在高一、高二年级还是一个从理解概念到模型化的过程，习题只是一个辅助理解和检测的手段。每一课时或者至少每一个时段的主题框架确定后，要保证对必备知识和关键能力的培养落实到位，那么习题的选择就要非常严谨认真，不能随意指定教辅或者学案上的哪一页或者从第几题到第几题。

为具体说明相关知识点或某个物理概念的内涵和外延，就要精选或者改编例题，也可以将核心知识点集中在恰当的模型中一起考查或变式考查。根据学生反馈结果再适时调整作业习题的难度与广度，也可以布置相应的选做作业以及分层作业，适时调整习题课的课时和比重。尽量保证学业水平中等的绝大部分学生吃得饱跟得上是一种比较好的状态。

例题：用下图所示装置验证牛顿第二定律，为尽量减小误差，以下措施必要的是（　　　　）

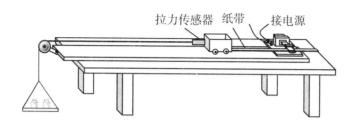

拉力传感器　纸带　接电源

A. 实验前适当垫高长木板无滑轮一端，使未挂砝码的小车被轻推后恰能拖着纸带匀速下滑

B. 砝码总质量m必须远小于小车（加传感器）总质量M

C. 应调节定滑轮的高度使细线与木板平行

D. 初始时，小车距离打点计时器要远一点

E. 先放手让小车运动，速度足够大后再接通打点计时器电源

本题正确答案为AC。通过对文字描述的整合，我们将验证牛顿第二定律对装置的要求和注意事项在具体情况中的变式做了集中考查，又对实验要求在具体情境中的具体应用做了分析。实践证明这是一种值得继续坚持探索的模式。

4. 认真做好实验

物理学是以实验为基础的科学，课堂演示实验往往能够十分形象生动地展示或解释物理学原理，而不必一味地用枯燥的习题替代。这也是落实立德树人的根本任务，培养学生关键能力和学科素养的必由途径，甚至有教师提出过一种"没有实验的物理课是失败的物理课"的观点。笔者也曾写过《让精彩演示实验凸显教师智慧》的文章讨论这个问题。

同时我们发现许多物理习题或者高考题目也来自物理实验模型。这也体现了高考引导教学的核心功能，为突出实践能力，打破"唯分数"的单一评价模式、构建多元评价体系所做的尝试。例如，2017年全国新课标卷Ⅱ第21题：

某同学自制的简易电动机示意图如图所示。矩形线圈由一根漆包线绕制而成，漆包线的两端分别从线圈的一组对边的中间位置引出，并作为线圈的转轴。将线圈架在两个金属支架之间，线圈平面位于竖直面内，永磁铁置于线圈下方。为了使电池与两金属支架连接后线圈能连续转动起来，该同学应将（　　　　）

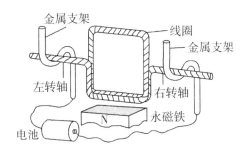

A.左、右转轴下侧的绝缘漆都刮掉

B.左、右转轴上下两侧的绝缘漆都刮掉

C.左转轴上侧的绝缘漆刮掉，右转轴下侧的绝缘漆刮掉

D.左转轴上下两侧的绝缘漆都刮掉，右转轴下侧的绝缘漆刮掉

本题正确做法为AD。实际上该模型在《低成本教具制作》这个光盘里有原原本本的演示和解释，相信有许多老师也可能亲自制作过类似教具进行课堂演示实验。

还有2015年全国新课标卷Ⅰ第19题与转笼小实验模型的相似处类比，2017年全国新课标卷Ⅰ第18题关于扫描隧道显微镜实验台的振动衰减方案的探究，再如网络流行的一个"旋转的爱心"等简单又精巧的小模型，等等，都是对物理实验在实际生活中应用的具体考查，也是高考考查要求创新性和应用性的具体体现。

另外，从上表我们能看出，本学期课程中所涉及的四个学生分组实验全部安排在实验室进行。包括《课程标准》新加入的实验要求，我们也已经做了一些尝试和探索。物理实验课对实验原理、操作规程的掌握和对动手能力的要求是对学生物理思维培养的具体体现；实验中对公共财产的爱护要求学生对物理实验器材合规合理使用，实验后及时整理。这些都是对科学态度与社会责任的落实，这是最好的课堂教育契机，也是提高学生物理实验能力和考试得分的最有效途径。

5. 教师校本课程落实到位

课堂有了明确指向性，立足中上层次，课下就可以推拉两头；我们在学校层面安排的选修课程、校本课程和社团时间就可以有的放矢，真正做到了有时间、有场地。例如，我们安排了每周1课时的培优辅导，高三年级还有临界（成绩临近分数界限的考生）辅导，同时鼓励一部分物理尖子生积极参加每周2课时的选修课（这是一种社团性质而非竞赛类的物理课堂，学生可以选择完成一些着力解决生活实际问题的任务或者综合性问题的探索）。这是我校在探索"增值性评价"方面所做的又一尝试，着眼于学生终身学习能力培养，着力于学生终身发展潜能的开发。

6. 教师执行体会

这份详细计划是笔者目前执行的改动最少、最小，最为清晰的一份计划安排。根据规划再结合教学参考与《课程标准》，能够有效指导教师备课分清主次，合理取舍，尤其是习题的设置，尽量避免了在对学生必备知识考查和关键能力要求上的遗漏，也避免了直接面向高考难度把高三总复习课的习题过多回迁到高一、高二课堂的现象。

演示实验和分组实验落实到位，在复习中能够清楚理顺实验的目的和实现目标的手段，易于灵活分析和掌握，更容易在科学探究的核心素养要求上实现较高水平的要求。

三、效果评价

1. 调整知识点及难度

知识点及难度的设定应该是一个科学命题而不应该强加主观意见，一定要注意合理性、科学性和循序渐进性。

在对照《课程标准》要求的基础上，我们也在灵活地选取知识点；做个性化的安排，做到了真实而不死板，扎实而不生硬，朴实而不平淡。比如，我们发现，我们安排的一些章节调整和增删，对比2020年即将使用的2019新版教科书有许多相似之处，真可谓不谋而合。这同时说明新一轮的教材改革充分考虑了高中教师在实际的课程实施方面对知识的系统性与结构性与学生认知层面结合的实际需要。例如，对曲线运动这一章的整合、对向心力大小的实验探究与新版教材的精简几乎完全一致，对万有引力定律的认识和推导、对动能定理的得出进行的精简也有相似之处。不过对比新版教材，我们所做的还不够彻底、不够大胆，安排上还有待改进。

2. 对提升高三复习效率效果明显，三年一盘棋的理念得以体现

《中国高考评价体系》在评价理念上实现了高考由传统的"知识立意""能力立意"评价向"价值引领、素养导向、能力为重、知识为基"综合评价的转变。

这一届在高三复习中能够在总体上感觉到更加平稳，推进更加有序，应该算得上是基础相对更扎实了一些。但是这与学生本身层次和考试样本等多种因素相关。能够体现的是这一届在我市历次调研考试中总体的平均排名相比前几届的平均名次有4个位次的提升，但相比2015级最高位次又有平均1~2个位次的回落（因测算数据和方法不同，仅以市教育科学研究院提供的参考数据测算）。应该说总体向好，不足之处也有待学习和改进。我们的课堂既要教师目标明确，教书育人工作的幸福感逐步提升，又要学生学习的规划有理有据，学习方式贴近现实生活，学习知识贴近高考考查要求，学生学习的获得感增强。

在考试评价模式向"考查内容、考查要求、考查载体"三位一体评价模

式转变的工作上我们具体安排了必备知识和能力要求按照课程标准的5个水平分类。

四、关于课程实施过程中的一点思考

关于市场教辅与自编导学案的优劣比较：

市面资料鱼龙混杂，许多在基础知识的讲解和思路上几乎一字不差。笔者对比了市面上三十多本教辅资料，这里我们以较多学校参考的教辅资料，也是市面上比较成熟和优秀的几套资料做参照，对比我校近五年编制导学案以及一些同类学校的少部分导学案做法，大致做了如下对比，供大家参考和取舍。

项目	导学案		参考教辅	
	评价点	优	评价点	优
总体思路	分散编写，系统化有待提高		有团队负责专门系统化编写	√
阅读观感	取决于编写者的要求和设计水平		有市场价值的资料打造精良	√
	大部分直奔主题，简明扼要	√	知识点分类过于细化，点缀太多反而显得杂乱、重复，主题时常难以突出。主干知识解析和习题外的各种小资料利用率极低	
	偶尔存在题目值得推敲处		错误率低，绘制精美，尤其图像和模型图部分	√
可操作性	根据学情和教学动态灵活调节	√	需要教师整体精选后再根据学情增删习题	
	更适于教师根据学情科学安排知识层次	√	专题复习资料会受到编写者思路的局限	
实用性	虽然根据学情编写，但由于教师工作精力十分有限，对难度和梯度的统一把握效果欠佳		各个资料都有自己对整本书难度和梯度的把握，自行选择	√

项目	导学案		参考教辅	
	评价点	优	评价点	优
实用性	可以有分层次设计，核心考查内容（必备知识），可以补充原创试题	√	选题会优选高考试题和模拟试题，往往也会有分层作业，但原创习题少	√
	不便于整理、汇总、收藏，也更容易丢失		便于系统化整理和携带，对复习反思非常有利	√
学科素养	知识层面较为精良，科学态度与社会责任方面较为贫乏，只能靠教师课堂渗透		对科学态度与责任一直有渗透，也有专门的栏目补充	√

二者最主要的矛盾是：对于导学案和教辅资料，教师在上课的时候只能以一个为主，二者相互冲突。大部分学生也没有足够的时间两者兼顾，尤其是高一、高二年级的学生，偶尔会遇到手里资料做不完，老师课上又发习题卷，又或者是有了教辅但因为时间分配不到又弃之不用的现象。

教辅资料成书和教材同样不可避免遇到的问题是动态调整必须靠教师精准把握课堂教学目标，灵活调整。当然，如果能够把教辅习题的优点有效地整合到学校自主编写的导学案中，能够做到强强联合那是最好不过的了。例如，我们也尝试过早筹划、早准备，提前将一个学期或一个阶段的导学案做好交付印刷并装订成册，成为校本教材的一部分。但是限于教师工作十分繁杂，精力十分有限，做到既有教辅的优点，又不能变成一本新的类似于市面的教辅资料，我们还有许多探索正在努力中，也希望广大同人能够多提供宝贵意见和建议。谢谢！

以上是笔者在"真实、扎实、朴实"的教育理念下与科组同人一起所做的一部分努力和尝试以及一些思考，恳请各位能够不吝赐教。在此致谢！

参考文献：

［1］中华人民共和国教育部.普通高中物理课程标准（2017年版）［M］.

北京：人民教育出版社，2018.

［2］教育部基础教育课程教材专家工作委员会.普通高中物理课程标准（2017年版）解读［M］.北京：高等教育出版社，2018.

［3］教育部考试中心.中国高考评价体系［M］.北京：人民教育出版社，2019.

［4］陈婷，陈汉光.基于学业质量水平的高中物理教学评价表设计［J］.物理教学，2018（11）.

新课程背景下培育践行历史唯物主义的几点思考

深圳市第二高级中学　张慧研

唯物史观是中学历史教学的核心和灵魂，《普通高中历史课程标准（2017年版）》指出，历史学是在一定历史观指导下叙述和阐释人类历史进程及其规律的学科。[①]如何探寻历史真相，总结历史经验，认识历史规律，顺应历史发展趋势？如何在唯物史观指导下，培育学生的历史唯物主义素养？教师不仅要深谙历史唯物主义的理论和方法，更要融入日常，将唯物史观与实际教学、现实生活紧密结合，引领学生形成基本的理论素养，以利于增强学生的历史意识和实事求是的科学态度。

一、理解唯物史观的基本原理和内容

在历史教学过程中，学生除了掌握基本的时间线索、基本史实以外，更重要的是透过纷繁复杂的历史现象厘清历史发展脉络，能够发现问题、分析问题，对历史问题进行综合阐释和解析。这些学科能力的形成需要正确的方法引

[①] 中华人民共和国教育部.普通高中历史课程标准（2017年版）［M］.北京：人民教育出版社，2018.

领，唯物史观无疑是科学的理论和方法指导。而教师在其中又发挥着重要作用，因此在对学生进行历史唯物主义素养培养的过程中，应关注两个基本的方面。

第一，教师应具备扎实的唯物史观理论功底

新的课程标准中对于唯物史观的理论指导作用进行了科学的论述，结合新时代的发展需要，坚持马克思主义科学的世界观、方法论，围绕培养学生辩证的唯物史观，形成良好的道德品质和优良的行为习惯，重视对青年学生日常信念、共产主义理想和中华民族优秀传统道德品质教育，塑造有理想、有志向、有担当、有高度的民族心、自信心、自尊心的一代新人。

在实际的课堂教学中，教师应具备深厚的学理，正确鲜明的立场和观点，切不可将主观臆断、断章取义、个人随意发挥，甚至错误的、片面的、肤浅的观点传授给学生，自觉抵制一切丑化历史、用历史唯心主义的方法混淆唯物史观、盲从西方唯心主义史观的错误倾向。同时，教师应指导学生，以历史唯物主义的理论和方法为指导，对人类历史的发展进行实事求是的叙述，运用正确的史观评判历史与现实中的大是大非问题，使学生正确地认识历史，反对历史虚无主义。[①]

教师对唯物史观基本原理掌握的程度影响日常教学中学生历史唯物主义素质培育的程度。教师应重视对唯物史观教学的研究，可定期开展学术研讨活动、原典读书分享会、教学设计、案例展示课或同课异构课，开展多种形式的理论学习和交流，不断提高理论素养水平。

第二，教师应将经典原理与教学实践融会贯通

教师在教学中要将唯物史观活化，引导学生形成基本的理论判断，并准确应用唯物史观的相关理论客观、全面地认识和评价历史。高中生随着知识体系的丰富，在掌握了历史唯物主义原理的基础上，不仅能够在唯物史观的指导下对具体的历史问题形成基本的判断，还应在唯物史观的指导下，运用

---

① 刘家和，郑谦. 历史教材：强化唯物史观的培养［N］. 光明日报，2016-09-13.

原理解释历史问题，探寻历史真相，总结历史经验，认识历史规律，把脉历史发展趋势，形成科学的历史认识。在这一能力培育和达成的过程中，教师不仅要兼顾理论的深度和高度、教学智慧、情境创设、思路引领、问题探究等方面，而且要从符合学生的认知和理解程度上选取适当的材料，既能潜移默化渗透唯物史观，又能提升学生的价值认识和思维品质。以下结合具体的教学设计片段加以说明。

案例分析：工业革命前的英国社会结构

设计意图：15、16世纪之交，人类历史发生了重大转折，世界整体化进程初露端倪，世界历史进入近代时期。引发这一重大转折的是西欧社会经济、政治和文化方面的一系列变革和对外扩张，根源是西欧社会生产力的发展、社会分工的扩大和商品生产的增长。在资本主义萌芽出现较早的英国，社会阶层结构的变动尤为鲜明，对后来工业革命的发生产生了重要影响。本设计意在通过史料研读，丰富学生对于工业革命前英国社会的了解，引导学生形成对社会阶层结构变化原因的分析和概括，进而理解唯物史观"生产力决定生产关系"，即物质生产是社会发展的根本这一原理，深化对工业革命前后英国社会变化的认识。

材料呈现：

材料一　从17世纪末开始，一种追求进取的精神开始在全英国弥散，并得到了社会的承认与鼓励，结果激发了人的创造力，引发了技术大革命。这是工业革命重要的文化和社会因素。到18世纪，英国的手工工场已经非常普遍。随着英国社会经济结构出现的变动，社会结构的变动也在原有等级结构的外表下缓缓进行。到18世纪中叶，英国基本模糊地形成了土地贵族、中产阶级和劳动者这样较独特的三层式社会阶层结构。[①]

——钱乘旦《谈谈英国工业革命中人的欲求因素》

[①] 钱乘旦. 谈谈英国工业革命中人的欲求因素［J］. 江苏社会科学，1992（6）：71-76.

教师设问：17世纪末到18世纪中叶，英国社会阶层结构经历了怎样的变化？引发变化的原因是什么？

教师讲述：随着新航路开辟后世界市场的形成，英国加入海外殖民扩张掠夺行列，海外市场不断扩大，商业冒险、金融投机、海外掠夺等商业活动积聚了大量的商业资本，大大推动了资本主义商品经济的发展，瓦解了自然经济。引发这一系列变动的因素，归根结底是社会生产力的发展推动着资本主义经济的发展、资产阶级的产生与发展。新兴资产阶级为赚取利润，扩大再生产，采用以雇佣为基本特征的资本主义的生产方式组织生产，手工工场如雨后春笋般涌现。资本主义生产关系的产生和资产阶级力量的壮大改变了阶级结构和阶级关系，提供了一个手工业者、农民可能因为发明或投机上升为企业主或富商的机会，培育了一批新兴的社会阶层，而地主、商人也有可能因为经营不善沦为雇工，由此形成了英国社会贵族—农民到贵族—中产阶级—劳动者三层式社会结构的变化。这一结构完全不同于原有的封建的等级结构，是与新的生产力发展水平相适应的，并不断推动着生产力的发展，直至工业革命取得了生产领域中的变革式飞跃。

材料二 "合理谋利"精神主要起源于新兴的市民等级。市民等级是一个复杂的组合体，它包括手工艺匠人、商人、雇工、作坊老板，以及所有居住在城镇中的人。市民在英国的社会经济生活中是一个极有活力极为重要的群体，从这个市民等级中，发展出后来的城市中等阶级。①

——钱乘旦等《在传统与变革之间——英国文化模式溯源》

教师设问：综合材料一、二，试析工业革命前英国社会结构变动的积极作用。

教师讲述：唯物史观认为，生产力决定生产关系，生产关系对生产力具

---

① 钱乘旦，陈晓律. 在传统与变革之间——英国文化模式溯源［M］. 杭州：浙江人民出版社，1991.

有一定的反作用。随着近代民主政治的确立、英国资本主义经济的发展，新兴的社会阶层、阶级不断成长，英国社会逐渐形成了日益增大且复杂的中间阶层，社会具有更多的开放性和流动性，激励人们创新、进取。生产力是推动人类社会不断进步发展的物质力量，而人作为生产力中的活跃因素，不仅从事生产、发明工具、革新技术，创造物质财富，也是具有很强的能动性和创造性的精神载体。近代英国社会结构因生产力的不断发展而变动，同时在资本主义的市场机制下激活了新兴阶层"技术创新""谋利精神"，从而将市场机制与个人合理谋利相结合，大大推动了资本主义经济的发展，为英国工业革命的进行奠定了精神和文化基础。

教学反思：工业革命首发英国不是偶然，是合力作用的结果。本课通过工业革命前英国社会结构变动原因及作用的分析，意在培养学生运用唯物史观的重要原理中生产力决定生产关系的相关内容探究历史现象的本质，重视生产力中人的因素及其能动作用。

案例分析：从民心角度看人民解放战争的胜利

设计意图：解放战争时期不仅是国共两党战略对决的重要时期，也是中国前途、命运转折的重要时期。人民选择、拥护中国共产党，响应和支持人民解放战争，成为解放战争胜利的重要保障。中国共产党在领导中国新民主主义革命取得胜利的过程中积累了丰富的经验。其中一个重要的方面是党代表中国最广大人民的根本利益，始终保持同人民群众的血肉联系。党始终把体现人民群众意志和利益作为一切工作的出发点和归宿，始终从人民群众的智慧和力量中汲取推动革命事业前进的不竭动力，逐步形成一套关于相信群众、依靠群众、从群众中来到群众中去的群众路线。这也是中国共产党不断取得胜利的重要保证。本设计意在使学生在对材料理解的基础上，以唯物史观为指导，理解人民群众是历史的创造者，是推动历史前进的决定性力量。

材料呈现：

长期积淀的民族主义情感是民众反蒋拥共的最根本原因。解放战争时期国民党实行的勾结敌伪，献媚美国，镇压民主，发动内战，巧取豪夺，鱼肉百姓的内外政策是逆历史潮流而动的，是不得人心的。共产党实行的力争国家主权，维护民族尊严，坚持和平民主，反对独裁内战，与民休养生息，分给农民土地，发展多种经济的政策代表了最广大群众的利益，从而得到了民众的广泛支持。[①]

——摘编自刘信君《人民选择了共产党——解放战争时期民众反蒋拥共心态研究》

教师讲述：历史唯物主义认为，人民群众是历史的创造者，是社会活动的主体，是社会发展的决定性因素。抗战胜利后，蒋介石无视国家、民族命运和人民的利益，继续发动内战，不得人心。中国共产党从民族、国家、人民的利益出发，对外力争主权，对内力求和平、民主，经过重庆谈判、政协会议，为和平做出的努力终成泡影。在内战不可避免的情况下，中国共产党高瞻远瞩，解决农民的土地问题，维护广大人民的切身利益，放手发动群众，建立反内战独裁的统一战线，不断扩大反蒋力量，用实践印证了"失人心者失天下，得人心者得天下"这一最基本的社会发展规律，因此民众的广泛支持是人民解放战争取得胜利的重要因素。

教学反思：历史是人民创造的，对于中学生而言，这个结论是清楚的，但认识并不深入。甚至有的学生对于刚刚国共合作取得了抗日战争重大胜利，抗战胜利后国民党却又发动内战，国民党反共反人民的性质在认识上是有误区的，基于这些认识的误区，难以形成对这一阶段历史的正确认识和评价。因此在中国近代史，特别是中共领导新民主主义革命的历史学习过程中，教师应明确唯物史观的相关原理，运用阶级分析法，引领和明确学生的认识方向，突出中共以人民利益为重，在新民主主义革命阶段采取了一系列争取民族独立、民主权利的举措，得出历史是由人民创造并推动发展的深刻

---

① 刘信君. 人民选择了共产党——解放战争时期民众反蒋拥共心态研究 [J]. 社会科学战线，2001（6）：148-157.

认识。同时，这一历史过程也恰恰印证了人民群众是历史的创造者，是推动历史前进的决定性力量。

二、注重唯物史观统领之下各核心素养的有机结合

唯物史观是科学的历史观和方法论，在理解历史唯物主义素养相关方面的过程中，除了关注以上两个基本的方面，还应注意在唯物史观的指导下，在各核心素养有机结合的基础上，引导学生形成正确、客观、全面、科学的历史问题分析方法，避免简单、生硬地套用原理。将历史问题置于特定的时空环境中，以唯物史观中的相关理论为指导，放宽历史的视野，客观叙述历史史实，多向度探寻历史事物的本质，形成科学、辩证、合理的历史解释，激扬家国情怀，引导和塑造学生积极、正向的价值观念。

在历史唯物主义素养培育的过程中，一方面，教师要准确掌握唯物史观，既要有理论高度，熟识原典，还要搜集原始史料，创设问题情境，将原理与史料相结合，引导学生做出基本的判断，并能形成对基本判断的分析和阐释，形成基本的历史唯物主义素养；另一方面，教师可根据学生的层次和水平，创设主题式探究，在历史演进的脉络中帮助学生更好地理解唯物史观，将唯物史观的原理与具体的教学实践结合在一起，便于学生理解、判断和阐释。教师也可以尝试围绕历史唯物主义的核心原理展开专门的素养提升训练，也可进行开放式主题探究，如高考真题的专研专练，既加强了学生对唯物史观基本原理的学习和理解，提升了学生的历史唯物主义素质，也将课堂上的潜移默化逐渐发展到生活中适当运用唯物史观，看待周遭的社会和生活，提升学生的综合核心素养。

在历史教学实践中，历史唯物主义素养的培育是历史学科核心素养达成的基础和理论保证。这一素养的形成和体现不是生硬地灌输，而是师生在日常的学习探讨互动中不断地融合，更是教师将理论原典转化为教学智慧，最后在学生身上生出素养之花、春风化雨的过程。

复杂情境下交际作文的教学评价方式初探

——基于2020年高考全国Ⅰ卷作文命题情况的分析

深圳第二高级中学　姜陆陆

一、问题的提出

高考评价体系把情境确定为高考考查载体，基于高考"服务选才、引导教学"的核心功能，情境尤其是复杂的情境就成为教学和考试中的必备要素。而交际则成为创建复杂情境的重要方面，尤其是写作题目的设计，则往往融合情境、交际、任务等诸多要素，以促进学生的综合性语言实践活动。

但我们仍不无遗憾地看到，面对复杂情境下交际作文题目的写作，写作教学中脱离情境的写作训练还大行其道，在与情境交际作文训练脱节的状态下，学生的写作实际更多时候无法体现这类作文题目的写作要求，无视情境要素、不能完成交际目的的自说自话作文仍为数不少。因此，本文尝试从复杂情境下交际作文的教学评价方式入手，创新评价策略，以期找到解决这一问题的途径。

二、复杂情境下的交际写作题目例析

原题呈现：2020年高考全国Ⅰ卷题目如下：

阅读下面的材料，根据要求写作。

春秋时期，齐国的公子纠与公子小白争夺君位，管仲和鲍叔分别辅助他们。管仲带兵阻击小白，用箭射中他的衣带钩，小白装死逃脱。后来小白即位为君，史称齐桓公。鲍叔对桓公说，要想成就霸王之业，非管仲不可。于是桓公重用管仲，鲍叔甘居其下，终成一代霸业。后人称颂齐桓公九合诸侯、一匡天下，为"春秋五霸"之首。孔子说："桓公九合诸侯，不以兵车，管仲之力也。"司马迁说："天下不多管仲之贤而多鲍叔能知人也。"

班级计划举行读书会，围绕上述材料展开讨论。齐桓公、管仲和鲍叔三人，你对哪个感触最深？请结合你的感受和思考写一篇发言稿。

写作要求略。

作文命题中的复杂情境是一种以语言文字符号描述和创设出来的问题情境，它取材于社会生活真实情境，是一种拟真情境或仿真情境，往往具有多个相互关联的情境要素或任务。这道作文题的情境复杂性表现在两个方面：一是大背景与小事件的融合。"春秋时期"是大背景，"班级读书会"是小事件，二者通过"感触最深"建立关联，并隐含了"权衡与比较"。二是真实性与虚拟性的融合，这不仅需要调动考生自己的体验与感受，联想春秋时期的历史事件，又要由对历史人物、历史事件的反思，发现它们对当下现实的指导意义。

有了这种融合，才能表现出考生的综合素养和语文学科能力。正如罗日叶所说："只有当我们在有意义的情境中对已学习过的东西整合地加以调动的时候，我们才算是有能力的。"

交际写作即"交际语境写作"，是指"面对具体或假拟的读者，围绕一定的话题，为了达到特定的目的和意图，以一定的角色和口吻，建构意义，构建语篇，进行书面表达和交流的活动"[1]。交际写作回归写作的交流本质，因其情境的真实性或拟真性特点，以及交流目的、对象的限定性，在一定程度上避免了假大空的伪写作现象，也有效避免了话题作文存在的套作现象。

---

① 荣维东. 交际语境写作与高考命题技术的进步［J］. 语文学习，2019（7）.

一般而言，交际写作受到语境要素的限定和制约，如交际目的、交际双方、交际话题等，这些影响着写作者的交际方式、交际内容、交际语言，进而影响交际的效果。如果不能充分理解交际情境，不看对象、不讲方法、漫无目的，就无法正确有效地运用语言进行沟通。从这个意义上讲，复杂情境下的交际写作活动将成为写作教学和高考备考的重要抓手。从近几年的高考命题来看，无论是2018年全国Ⅰ卷给那时18岁的一代人写信，2019年全国Ⅰ卷"热爱劳动，从我做起"的演讲稿，2019年全国Ⅱ卷以"青春接力，强国有我"为材料主旨，以青年当事人为写作视角，完成五种不同情境的不同文体（演讲稿、慰问信、书信、观后感），还是2020年全国Ⅰ卷这道作文题以"班级读书会"展开讨论的"发言稿"，都印证了这一推断。

三、复杂情境下的交际写作教与学的策略

应对复杂情境下的交际写作，应至少包括教与学两方面。本文仅就教师教学设计和教学评价策略的创新进行一点管窥。

1. 创新设计策略：用复杂情境和交际任务做好写作教学设计

写作时的入境和交际对象的确定是复杂情境交际作文写作的最关键处。这就需要教师在写作课的教学设计上更新写作观念，建立新的课堂教学场域，改变将写作知识从情境中抽取出来作为教学内容的做法，引导学生入境而不是只记忆写作术语和死板技法。比如，教师可以将文体知识、写作技法等陈述性知识转化为情境设计中、运用中的程序性知识，把复杂情境需具备的支持工具（如书面文章、插图等）和命令（一组完整、清晰、简明的答题指示）先纳入情境进行个案测试，再引入群聚情境使用，以确保其质量。

其次，要在写作课堂的情境创设品质上下功夫，提升写作训练的有效性。现有的无情境无交际作文命题不能拿来即用；也应该拒绝低品质情境甚至虚假情境进入课堂——虚拟和虚假有着本质的不同，其核心在于学生的心理认同；原有高品质真实情境的作文题目，如果在自己的课堂中因时空的转变而情境运用性有所改变，那也应该随境而化境。比如，在布置写作任务

前，用复杂情境和交际任务给原有的作文题目"小动手术"。了解高中作文题目演进过程的人都知道，2019年全国卷Ⅰ作文题的内核其实是多年前的"热爱劳动，从我做起"的话题作文，或者是"以'劳动'为话题"的话题作文形式。但是，作为新时期高考题，它用复杂情境和交际任务把原来的命题作文或话题作文进行巧妙转身，把"热爱劳动，从我做起"的话题作文变成一个有情境、有辩驳、有交流、有价值的演讲稿写作，因情境而生写作真实性，因辩驳而长思维深刻性，因交流而添交际针对性，因演讲听众的虚设而提升了写作价值。2020年全国Ⅰ卷的作文命题也有这样的特点。当然，要创设一个好情境，并非易事。罗日叶认为，一个好情境应当是一个真正的靶向情境，是对学习有用，能激发学生动机且可实现的情境。其中，靶向情境应以学生为行动者，能激发学生知识和技能的整合，能产生作品，有新鲜感；对学习有用的情境应与教学目标相适合、难度水平合适、传递积极价值；能激发学习动机的情境是意味深长、易理解和能提高学生价值的情境；可实现的情境要便于实施与测评；等等。这些都是我们创设情境时需充分考虑的，要减少提供伪情境的可能。教师需对蕴含核心价值、值得创设为问题情境的真实情境保持关注，把它作为一种写作课程资源进行开发。

此外，在情境交际写作观的指导下，教师还可以在课堂上组织带有明确交际任务的小作文写作活动，如邀请函、欢迎词、答谢词、求职信、推荐信等。一来可以强化学生的交际能力，二来还可以将语用与写作打通关联，一举两得。

用复杂情境和交际任务进行写作教学设计，让写作者在真实的写作活动中练习，架起生活写作和考场写作之间的桥梁，实现育人功能，教师重任在肩。

2. 创新评价策略：以新的写作观和评价指标体系去实施写作教学的评价

作文批改与评价是写作教学的重要环节。现实中作文批改却常令师生"两败俱伤"——教师身心俱疲，作文面目全非。即便如此，学生仍很难清楚地认识到自己写作的问题，更遑论写作水平提升了。学生因既不具备教师批改作文时的宏观视角，也不了解给分方式与评价标准，所以往往只关注得分，少部分学生才会询问自己分数的依据。

考场作文的评价结果反馈更是如此，学生苦心经营的作文可能只换来一个可怜的分数，欲待提升写作能力却苦于缺少指引路径。相较以往命题方式，复杂情境下的交际写作更容易量化评价，教师可以在作文评价时依据题目的情境任务要求，以评价量表的形式分解要素和任务，细化到每一个项目，对学生作文的每项表现予以评价，变单一分数评价为指标评价，并把评级量表印发给学生，这就保证了每一次的作文评价都能让学生了解评价标准尺度与分数间的对应关系，对自己写作的亮点和问题都有比较清楚的认识与理解。

例如深圳线上考试作文任务①的评级量表（节选）：

	分解1	分解2	分解3	分解4
任务①	写作主体：20年后的"你"（时空+角色+立场）	主要内容：回忆、反思线上考试与未来成长的关系（反思、劝勉、鼓励）	写作对象：正在考试的"我"（考生）	写作文体：书信
一类上 20–19分	贴合身份，时空清晰，贴合情境	揭示深刻	明确	符合
一类中 18分	身份明确，有时空感，基本贴合情境	揭示较深刻	明确	符合
一类上 17–16分	身份意识、时空感稍生硬	能较充分揭示	明确	符合

（摘自《2020年深圳市普通高中高三年级线上统一测试语文写作题目解析及评分细则》）

除制作测试评价量表，日常写作教学还可变教师的单一评价为学生互相评价。教师可将设计好的评价量表（包括交际目的、交际对象、交际效果、交际方式等角度）下发给学生，由学生小组交换评价并交流分享自己的评价感受。在互相评价的过程中，学生就可以对写作中如何落实情境和任务要素有更深刻的认识和理解，在进行修改时，也就有了方向。

此外，教师还应该引导学生以读者的身份去审视自己的写作，或进行自我提问：我这篇文章是写给谁的，我是否准确表达了观点，我的观点或主张能否说服这篇文章的读者，我提出见解的方式能否为读者接受，等等。当学生开始以读者的身份审视自我时，很容易就会发现一些之前发现不了的问题，再进行针对性修改。这是基于元认知理论对写作的一种自我监控。

3. 读写融合策略：借助群文阅读观念，对学生进行多样化的阅读指导

阅读属个人体验情境，与表达密不可分，长远来看，欲提高表达素养，还需阅读滋养。教师应向学生提供有效的阅读支持：在阅读内容的选择上，可推荐或提供优秀的交际写作文章作为范本阅读。尤其是那些传世已久、为人称道的作品，如《与妻书》《傅雷家书》《禀父书》等。学生从对范本的感悟和模仿中可习得一定的范式，建构一定的写作经验，为文章的形成奠定了基础。正如皮亚杰所言："儿童的模仿能产生表象，因而从任何外部动作中分离出来，有利于保持动作的内部轮廓，成为日后形成思维的准备。"[①]

在阅读方法的选择上，教师可建立任务式阅读活动，使阅读成为思维训练。针对不同阅读文本，设计不同任务。尤其是思辨性阅读，如时评类文章，可从观察立场、作者观点、评论方法、批判质疑等多角度设计问题，这样既可引导学生把阅读中形成的思维能力迁移到对写作材料的解读中去，又可在阅读活动中关联表达。

此外，俗语云"不动笔墨不读书"，语文教师多会让学生做阅读摘抄、笔记等。如不加分类和辨别，即使摘抄得再多，也只是一堆思想和言语的碎片。教师可引导学生做好摘抄分类。关乎分类标准的问题，笔者建议，可以利用核心价值指标体系中的一级指标和二级指标进行分类。上述方法综合运

---

① （瑞士）J. 皮亚杰，B. 英海尔德. 儿童心理学［M］. 吴福元，译. 北京：商务印书馆，
　　1981.

用，可以使学生从阅读体验活动中获取经验、积累素材、学会思考、助力表达。

参考文献：

［1］张均兵，易克萨维耶·罗日叶.情境化命题思想的启示［J］.中国考试，2013（6）.

［2］教育部考试中心.中国高考评价体系［M］.北京：人民教育出版社，2019.

［3］张开，单旭峰，巫阳朔，等.高考评价体系的研制解读［J］.中国考试，2019（12）.

点燃高中信息技术课堂计算思维的火花

——关于培养高中生计算思维能力的教学思考

深圳市第二高级中学　陈丽洵　史野锋

一、引言

《普通高中信息技术课程标准（2017年版）》明确指出信息素养对于学生发展的重要性，并且要求教师在高中信息技术教学课堂之上加强对学生这一素养的培养。为此，教师在教学过程中需要围绕信息技术学科核心素养培养目的来对学生进行教学，在教学过程中及时吸纳新时期研究成果，为学生构建出具有明显新时代特征的教学内容，不断提高学生的计算思维能力，这样学生才能得到良好的发展与提升。信息技术科学素养涉及内容较多，主要是以计算思维、信息意识、信息社会责任等为主，其中计算思维是最为重要的一项核心素养，也是发展学生各项能力的关键，在高中信息技术教学课堂上培养学生这一素养十分重要。

二、计算思维能力与其在高中信息技术课堂中的价值

1. 计算思维能力概述

现如今，计算思维能力这一概念得到大家的认同和理解，就是周以真教授所提出的定义，其认为计算思维主要指的是以计算机科学基础这一概念来对问题进行求解，从而有效理解人类行为以及设计系统；从本质上来分析，

计算思维具有自动化、抽象化的特征。就好比每个人都应该要具备文字读写、是非判断能力一样，每个人也均应该要具有这一项能力。相较于其他思维，计算思维具有以下几点特征：其一，与计算机编程来对比，计算思维与其存在较多差异，所以需要学生从多个抽象层面来进行分析；其二，计算思维是一种基于技能可是又并不是机械技能，不仅仅是简单、机械化的重复；其三，计算思维是人的思维方式，并不是计算机；其四，计算思维从某些方面来说，也是数学与工程思维的有效结合；其五，计算思维与所有人的生活紧密相关。

2. 计算思维能力培养的价值

新课程标准对于高中信息技术课程进行了全新的定位，同时设定了总目标。信息技术课程的存在是为了让学生信息素养得到提升，真正让学生掌握正确的信息技术基础知识与技能，同时促进学生计算思维以及信息意识的发展和提升。计算思维作为信息技术素养的重要组成部分，是一项十分重要的能力表现，在高中信息技术教学过程中培养学生这一能力十分重要，能够促进学生信息素养的提升，从而有效落实新课程提出的教学要求。同时，在高中信息技术课堂上培养高中生计算思维能力，还能促使学生自主创新能力的发展和提升，学生借助计算思维就能结合一系列的计算概念以及方式来对数据进行处理，然后基于此构建模型、创作作品，这样学生不仅能够真正成为信息技术的使用者与消费者，还能成为信息技术的创造者与发明者。

三、点燃高中信息技术课堂计算思维能力的火花

新课程理念要求高中信息技术教师在课堂教学中不仅让学生正确理解计算机学科相关概念与基础知识，同时还需要引导学生将计算思维有效应用于日常学习与生活之中，帮助学生形成一种思维习惯。但是，究竟要如何有效点燃学生计算思维的火花呢？针对这一问题，笔者认为可以从以下几点着手。

1. 重组教材内容，渗透计算机思维

在高中信息技术教学实践中，教师需要准确把握新课程教学要求，将现

有的高中信息技术教学内容进行重组，同时将传统知识传递教学方式变成思维启迪教学，让学生认识、发现、解决实际问题，这样学生思维能力自然也能在这一过程中得以发展。首先，教师在教学过程中其教学案例无须拘泥于教材内容。例如，对于"数据库管理"这一模块，教师除了让学生体验学籍管理系统之外，还可以积极引导学生参与到图书馆分类管理之中，这样学生就能在图书馆系统使用过程中真正懂得如何进行检索、借阅图书，之后再在教师的引导之下进行一些较为简单的抽象与建模，这样抽象思维能力以及构造能力自然也会在无形之中得到提升。其次，在教学顺序这一点上，教师也可以改变一成不变的教学顺序，毕竟学生计算思维还尚未形成，假如直接按照教材内容顺序来进行教学，学生对于枯燥且有误区的知识点很容易会失去兴趣，这个时候教师就可以从学生实际情况出发，对教材顺序以及内容进行重组，帮助学生更好地把握教材基础理论知识。

2. 创新信息技术教学，有效落实计算思维培养

高中信息技术课堂教学过程能够体现出计算思维的活动可谓是无处不在，只不过在尚未关注计算思维的时候，这种活动对于学生而言是无意识的。而要想改善这一情况，教师在教学过程中则需要加强对学生的引导，让学生主动使用计算思维来解决问题，在实际信息技术教学中，教师可以借助头脑风暴法来对学生进行教学，通过这一手段来积极引导鼓励学生对问题进行分析与处理，在此之后再借助思维导图进行进一步的细化处理，这样就能让学生真正掌握计算机使用方式。

（1）头脑风暴法。构成独立思考以及创造能力的三要素就是发现问题的能力、解决问题的能力、永不言弃的精神，而这些均可以借助训练来实现。在高中信息技术课堂教学过程中，教师可以引导学生进行独立思考以及问题分析，引导学生寻找解决问题的方法，借助头脑风暴法来培养学生的计算思维能力。例如，以三维应用设计软件设计"创意花盆"为例，教师在课前可以引导学生了解常见花盆的形状、构造及功能性设计等，以此来实现信息搜集；之后在课堂之上引导学生说出花盆设计的要素，同时要求学生简单介绍一些设计方案，不断鼓励学生提出一些比较有创意的设计方案。学生的创意和思维相互碰撞、相互借鉴，就能获得最终方案，而学生则能在这整个过程中发展自身计算思维能力。

（2）思维导图法。在高中信息技术教学实践中，要想有效培养学生的计算思维能力，教师在教学过程中还可以借助思维导图法来进一步细化教学方案，借助自上而下的方式来逐步细化原则，借助思维导图来将问题解决方案有效细化，之后再使用数字化工具XMind列出解决问题的方案，这样学生计算思维能力自然也就能够得以提升。还是以设计"创意花盆"为例，在最终呈现方案的时候，教师就可以要求学生借助思维导图的方式来呈现，通过思维导图来让学生明确如何有效设计花盆形状、利用文字及图样突显主题以及实现创意功能等。这样学生不仅能够掌握信息技术教学知识点，还能在这一过程中形成良好的计算思维能力。

（3）利用计算机解决问题。计算思维从本质上来说就是要解决问题，所以最终的结果均需要落实到计算机解决问题这一点上。为此，教师在进行计算思维能力培养的时候，需要按照上述细化方案来为学生挑选出合适的软件来引导学生解决问题，这对于提高学生信息技术能力意义非凡。例如，教师可以引导学生进行图片处理，让学生使用Photoshop、CorelDRAW等软件来进行图片素材的加工和处理，这样学生就能学会如何应用计算机技术来处理图片、加工图案等，从而有效锻炼学生的计算思维。

3. 利用算法与流程图，提高学生计算思维

在高中信息技术教学过程中，教师还可以引导帮助学生理解计算思维所涵盖的计算概念以及方式，如抽象、递归等，积极在信息技术课堂上引导学生挖掘实际生活中存在的计算与抽象问题，之后再借助算法与流程图来对学生进行强化训练，这样学生计算思维自然也能得到提升和发展。

（1）算法。在培养学生计算思维的时候，培养学生算法思想是有效提高学生解决问题能力的关键，尤其是一些大量的计算问题，更需要学生具备较强的计算能力。以汉诺塔问题为例，其就是一种较为典型的递归算法，涉及较多的计算与计算思维。借助算法分析我们就能发现，汉诺塔问题虽然看上去十分复杂，但是总体来看就只有两种情况，而这一问题若是不借助计算机是无法实现有效计算的。因此，借助计算思维才能有效提高学生的计算能力，从而有效解决大规模的计算问题。

（2）流程图。在计算思维能力培养过程中，借助流程图来进行培养，能够让学生形成较为清晰的问题解决思路。为此，教师在组织课堂教学的时候可以引导学生针对问题来制作相应的流程图，通过这一方式促进学生计算思维能力的发展。

四、结语

综上所述，计算思维能力培养现如今已经成为高中新课程改革中的重要内容，将其落实到高中信息技术课堂之中，能够有效点燃学生计算思维的火花，所以高中信息技术教师在教学实践中一定要意识到计算思维能力培养的意义，在教学中挖掘对学生进行计算思维培养的内容，积极构建基于计算思维的教学体系与方式，从而有效地在高中信息技术课堂上培养出计算思维能力较高的学生，而信息技术课堂也能因此而变得更加具有活力。

参考文献：

［1］钱晨.高中信息技术课堂中如何培养学生计算思维能力［J］.好家长，2017（22）：70.

［2］冯士海.点燃高中信息技术课堂计算思维的火花［J］.中小学信息技术教育，2018（12）：69-72.

［3］王学红.高中信息技术课堂进行计算思维培养的思考与实践［J］.中国信息技术教育，2014（13）：39-40.

［4］刘晓玉.面向计算思维培养的中学信息技术PBL教学模式研究［J］.中国信息技术教育，2018（1）：34-36.

创客与STEAM教育之课程融合探究

——《名牌雕刻》课程设计

深圳市第二高级中学　陈丽洵　史野锋

一、基本说明

项目	内容说明
教学内容所属模块	创客与STEAM教育选修课程中的"速制智造"模块是创客教育与信息技术、通用技术融合的实践课程
教授对象	高一年级学生
所用教材	校本教材
学时数	90分钟
任课教师安排	主讲1人，助教1人
教学环境	28台台式计算机（安装CorelDRAW X4及SnapMakerjs-2.4.6），15台SnapMaker（桌面级激光雕刻机），15组工具箱（含铅笔、直尺、调平卡、两用螺丝刀各1把及护目镜2副、酒精消毒湿巾），希沃触控一体机，3台空气净化器
素材准备	学生数量的椴木板片（85mm×60mm），椴木板尺寸说明图，和学生数量相同的领夹，如何固定素材的微视频

二、教学设计

（一）教学目标

1. 知识与技能

（1）掌握CorelDRAW导入文件及相关工具的操作。

（2）掌握激光雕刻安全操作规范及操作流程。

（3）了解项目及项目思维概念。

2. 过程与方法

（1）通过使用CorelDRAW排版，学习矩形工具、文字工具、导出图片。

（2）通过激光雕刻机的操作，学习"黑白"模式处理图片的特点，以及点动速度和工作速度的区别。

（3）通过PNG和JPEG格式图片雕刻效果的对比，小组讨论并分析原因。

3. 情感态度与价值观

（1）从本课例着手，逐步形成项目管理思维，强调团队分工、合作及项目流程规划。

（2）了解激光雕刻的工作原理及工艺流程。

（3）牢记安全操作规范和佩戴防护工具的重要性。

（二）教学内容

项目及项目思维概念、项目管理简表的应用；名牌排版并分别导出图片；SnapMaker机器及软件界面操作（全流程应用）。

（1）重点：CorelDRAW矩形工具、文字工具、形状工具、排列、颜色填充的应用；使用调平卡进行木板素材固定及激光点对焦。

（2）难点：素材固定，激光对焦。

（三）学情分析

学生在前面的课时中已学习了CorelDRAW软件的基本操作（新建、保存、导入、导出、文件类型等），已认识了SnapMaker机器的基本结构，并能正常将机器与计算机连接，掌握调节机器手臂位置、定位激光点的操作。

（四）教学思路

将本课程任务定义为一个独立的小项目，给予学生项目及项目思维的概念；依据项目开发流程，以项目思维为指导，穿插本节教学内容在各流程环节。

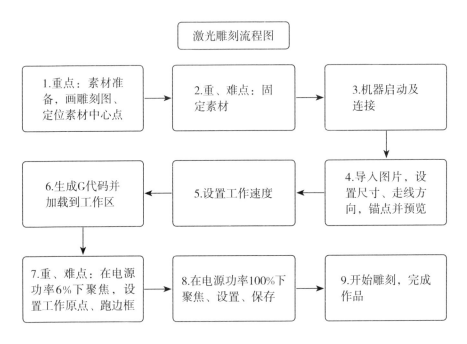

三、教学过程描述

教学环节及教学时间	教师活动	学生活动	设计意图及学生学习过程的观察或点拨
复习及导入（5分钟）	1.播放复习内容社会分工及导入PPT：上节使用CorelDRAW软件完成的图形示例。 2.提问：激光雕刻机在使用时的几个安全注意事项是什么？	找到上课时制作的CDR文件（矩形及文字）。	上节课导出并存储的矩形及文字源文件图是为这节课制图做的基础图形。

教学环节及教学时间	教师活动	学生活动	设计意图及学生学习过程的观察或点拨
复习及导入（5分钟）	3.直接提出本节任务：完成一个小项目——雕刻个人名牌	回答SnapMaker的使用安全注意事项，如移动手臂时注意设置移动距离，机器USB接口连接的目标计算机，调焦及雕刻时必须使用护目镜，身体皮肤不可接触激光点等	在教学开始之前再次强调激光雕刻的安全注意事项，使激光雕刻环节比较顺利地进行
项目及项目思维（5分钟）	1.播放"项目及项目思维"PPT页面，助教下发"项目管理简易表"。2.介绍项目及项目思维的概念，以及"项目管理简易表"在课堂上的应用。3.提问：本节雕刻任务的小项目可以如何规划	在教师的启发下说出大概的工作流程	引导学生认识项目的概念，并逐步形成项目管理的工作思维
素材准备（10分钟）	1.助教发放椴木板及配套的领夹，播放椴木板尺寸示意图，提问：雕刻区域尺寸应是多少？如何定位雕刻中心点？2.画图：打开CorelDRAW软件，打开上节保存的源文件，根据示意样图及尺寸制作名牌雕刻内容，导出PNG格式图片至个人文件夹	1.自行根据尺寸示意图，利用直尺测量出椴木板雕刻区域尺寸；使用直尺及铅笔，斜线交叉定位雕刻中心点。2.根据测量的雕刻区域尺寸，更改CDR源文件中矩形的宽、高值，完成其他文字内容及Logo导入，并进行合理布局和颜色设置	助教观察学生行为，记录并给予主讲反馈：观察学生对素材的处理能力。在这一环节学生会出现画图能力的差距，主讲及助教可进行及时点拨

创客与STEAM教育之课程融合探究

续 表

教学环节及教学时间	教师活动	学生活动	设计意图及学生学习过程的观察或点拨
固定素材（10分钟）	1.播放《固定素材》微视频。 2.提问：为什么在将支撑平台移动至y轴最顶端进行素材固定？为什么只固定椴木板顶端？	1.观看微视频。 2.说出"激光雕刻头会影响螺丝刀对螺钉的操作""雕刻区域不能被固定件遮挡"的答案	因固定素材的步骤不方便在课堂上直接由教师演示（学生观看不到细节），因此提前录制微视频
机器启动及连接（2分钟）	发出"打开snapmaker机器及所连接计算机上的snapmaker程序，进行连接"的指令，并在讲台上完成同样的动作	打开机器开关电源，打开软件界面，选择连接端口，"打开"连接	助教观察学生行为，记录并给予主讲反馈：检查是否每一台机器及桌面软件正常开启并正确连接。 注意：连接端口如果选择错误，无法正常、正确地将计算机与机器连接
导入图片并进行相应的属性值设置（5分钟）	软件界面操作演示：选择黑白图类，导入。 ● 素材准备环节完成的图片。 ● 设置图片尺寸为85mm×50mm。 ● 雕刻方向为"垂直"，并说明其意义。 ● 锚点设为"中心"并说明其意义。 ● 预览	与教师同步操作	助教观察学生行为，记录并给予主讲反馈：学生是否完成教师演示的每一动作，如有跟不上节奏的适时给予点拨
设置工作速度（2分钟）	软件界面操作演示：设置工作速度为600~800mm/min，并说明其意义		

教学环节及 教学时间	教师活动	学生活动	设计意图及学生学习 过程的观察或点拨
生成G代码 并加载到工 作区 （1分钟）	软件界面操作演示： ● 单击"生成G代码"按钮，说明其意义。 ● 单击"加载G代码到工作区"命令，并说明其指令意义		
设置中心原点及调焦 （15分钟）	戴上护目镜，进行软件界面操作演示： ● 设置电源功率为6%，并说明其意义，点"聚焦"。 ● 设置移动距离为1mm，移动X、Y轴，使激光点与在雕刻素材中心点重合，点击"设置中心原点"，再点击"跑边框"，观察雕刻区域是否越界。 ● 调焦：调节Z轴，将激光点调节至与调平卡上小黑点大小相仿的光点	待教师讲解完，戴上护目镜，完成设置中心原点及调焦操作	观察学生行为并记录：这一环节学生易出现忘戴护目镜、移臂打到边界仍停不下来、调焦未调好的问题，教师及助教要及时处理问题并点拨
设置电源工作功率，开始雕刻（35分钟）	戴上护目镜，进行软件界面操作演示： ● 设置电源工作功率为100%，点击"设置""保存"。 ● 点击中心工作界面顶端的"开始"按钮，开始进行雕刻	戴上护目镜，与教师同步操作。 选做：完成个人名牌作品后，可依据项目流程，借助"项目管理简易表"，规范完成名牌另一面的DIY雕刻	观察学生操作及学生机器工作状态，如遇问题及时解决并点拨。注意安全操作规范。若学生在"调焦"环节没有完成较好的调焦操作，这一环节会有出现雕刻不出清晰的线条或者根本没有线条的情况，需重新进行调焦

创客与STEAM教育之课程融合探究

教学环节及教学时间	教师活动	学生活动	设计意图及学生学习过程的观察或点拨
完成作品（课后）	拍照留存档案	按操作规范取下雕刻作品，装上领夹，佩戴在衣领上	学生留下剪影，全课程结束时做学生档案或其他资料展示使用

四、学生评价设计

1. 评价指标设置

序号	评价指标	占比（%）	评价说明
1	课业作品完成度	10	每堂课上的作品在限定时间内的完成度，按0%~100%评价后折算
2	课堂安全及纪律考勤	10	每堂课的出勤情况，无故缺勤1次扣除当堂所有评价分值，无故迟到或早退扣除当堂考勤评价分值，课堂纪律表现视情况给予此项评价分值
3	知识接收	20	对每堂课知识点的理解和消化能力的评价，具体表现如对于讲授的知识点是否需要一再请教或询问他人
4	动手能力	20	软件使用熟练情况，工具使用操作流程、安全操作、排错能力等评价
5	团队协作	20	小组成员间的沟通、协作能力评价
6	项目思维	20	清楚明白每一环节的意义；能自行规划，清晰、准确地进行每一操作步骤，完成新项目

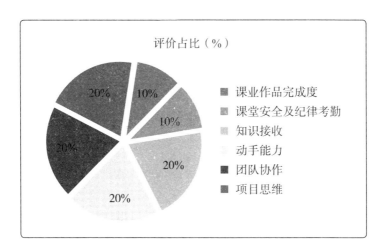

2. 本课例学生评价跟踪表

高一（　）班【数学制造】课程学生评价表

课题：激光雕刻——个人名牌制作

授课教师：　　　　　　日期：　　年　　月　　日

本节评价依据：

1.知识接收：基础讲授的知识点是否出现重复提问？（扣分项）

2.动手能力：能用CorelDRAW矩形工具、形状工具、文字工具制作名牌图形（10分），能按操作流程（5分）和安全操作规范（5分）使用激光雕刻仪器。

3.团队协作：基础素材数据采集、图形制作、仪器准备和使用进行了分工与协作。

4.项目思维：清楚明白每一环节的意义（5分），能自行规划，清晰、准确地进行每一步操作，完成作品雕刻（15分）

序号	班级	学号	姓名	课业作品完成度	课堂安全及纪律考勤	知识接收	动手能力	团队协作	项目思维	备注
				10%	10%	20%	20%	20%	20%	

五、教学反思

高一（7）、（8）班【名牌雕刻】课后反思

课堂出现的问题、原因及改善建议：

1.文件、素材共享不顺利。（已解决：建立共享文件夹）

原因：原设计使用QQ群共享素材及提交作品，但学生群体中QQ使用频率已不高，大部分同学登录QQ失败，无法当堂加入QQ群及下载素材。

改善建议：搭建共享文件夹，或者使用百度网盘等线上工具。

2.课堂内容讲授不完。

原因：本授课班级上一节授课内容因临时状况未落实：画图工具未介绍，机器未尝试运转，直接导致本节课堂内容增加，原预定时间内未能完成既定操作内容。

改善建议：

（1）更改上一次课时授课内容设定，直接为本次课程内容服务。介绍画图工具应用时，直接以名牌构图为目标作品，本次课堂上只需稍加润色便可使用。（已采用）

（2）改变课堂内容讲授顺序，因课堂特殊性（实操性较强），可考虑将素材固定、机器连接、调焦部分放在前面，待一切准备就绪，再加上"画图导出素材"的东风。（各班因程度不同调整教学环节）

3.讲解机器操作时，学生无法跟上教师节奏，进度不一。

原因：教师站在讲台上讲，学生无法近距离观看，要点无法清晰掌握。

改善建议：方式一，分小组，教师到学生中演示操作；方式二，录微课，直接播放微课程。（已录微课）

陈丽润

高一（1）、（2）班【名牌雕刻】课后反思

授课环境调整：在两台电脑上建立共享文件夹（每个共享文件夹可接入20个点），便于素材发放。录制素材固定微视频。

课堂出现的问题、原因及改善建议：

1.本班人数为第二多的班级，调整讲授次序后，大约预留了25分钟左右的时间用于雕刻，基本能够保障每组都有一个名牌雕刻完毕。有两组两人都雕刻完毕，其余学生下课时继续雕刻，课后取回。（讲授顺序调整后，效率大幅提高）

2.在电脑设置、画图统一操作后，仅发现两人未跟上进度。在等待操作的同时，鼓励操作熟练的学生对周边学生进行技术支持。

3.在强调文字工具不使用段落文本并做示范后，出现5位学生使用段落文本，错误人数最多。这与个别学生注意力不集中有关。（段落文本输入不便于文字排版，但不影响工具使用，个别提示即可）

4.出现四组激光未聚焦的情况，应考虑是否将聚焦操作放在名牌排版后进行，省去二次聚焦，多出雕刻时间。（需要二次聚焦的情况属于偶然事件，G代码加载到工作区后，再检查一次即可）

5.有充足的雕刻时间，完成的效果和数量均有所提升。

6.各班人数差距较大，最多27人，最少7人。多数班级在十几人，调整进度较难。（人数少的班级，增加雕刻任务来调整进度）

史野锋

附：教学资源及学生作品展示

1. 固定素材微课程下载链接：https：//pan.baidu.com/s/10wf7IQJ-UsIj53ygfVl9gg。

2. 名牌尺寸示意图：

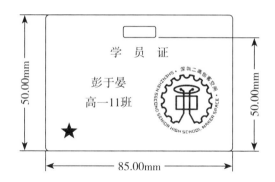

3. "项目管理简易表"：见附件4。

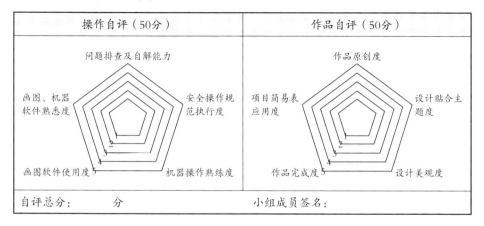

创客与STEAM教育之课程融合探究

4. 学生作品展示:

原创模拟查酒驾的吹气实验探究

深圳市第二高级中学　　王艳丹

2012年5月16日，笔者讲了一堂有关乙醇的深圳"名师好课"暨名师工作室同课异构的化学现场课，自创了一个模拟酒后驾车者被交警查处的吹气实验，产生了很好的教学效果。现行人教版普通高中课程标准实验教科书（化学必修二，第74页）在讲述乙醇性质时，提到了酒后驾驶检测仪。这部分内容没有演示实验，不仅教师讲授觉得空洞，学生也很难理解。

一、实验装置图

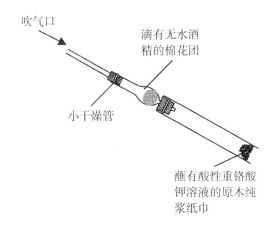

吹气口

滴有无水酒精的棉花团

小干燥管

蘸有酸性重铬酸钾溶液的原木纯浆纸巾

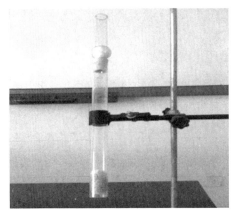

吹气前   吹气中

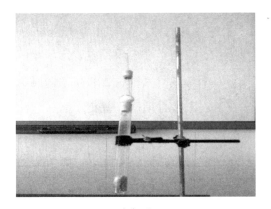

吹气后

二、实验目的

激发学生的学习兴趣。笔者在导入新课时放映了酒后驾车者被交警查处的视频，很多学生很想知道酒后驾车者被查吹气的化学原理。笔者增补的查酒驾者吹气实验把化学原理与生动的生活实际相结合，形象直观，能激发学生探究化学知识的浓厚兴趣。

三、实验药品和仪器

酸性重铬酸钾溶液（硫酸溶液浓度为50%，重铬酸钾浓度为2%，两者体积比为1∶1时，反应现象颜色渐变过程明显，速率也相对比较快，适合课堂的演示实验）、无水乙醇、小干燥管一个，直径2.5cm的双通玻璃管、两个带孔的胶塞、棉花一团、滴管两个、10cm的导气管一个、原木纯浆纸巾一张。

四、实验操作

把蘸取有酸性重铬酸钾溶液（橙色）的原木纯浆的纸巾塞到一个双通玻璃管末端内壁底部，然后把带有干燥管的胶塞塞在双通玻璃管上端，在干燥管圆球内放上一团松软的棉花团，往棉花团上滴加酒精2mL，然后向干燥管的上口插上一个带有胶塞的玻璃管，从玻璃管开始吹气，使得挥发出来的酒精气体流向酸性重铬酸钾原木纯浆纸巾，颜色由橙色变成绿色，现象非常明显。

五、注意事项

（1）用原木纯浆纸巾代替滤纸，效果很好。笔者曾用滤纸浸润酸性重铬酸钾溶液进行实验，结果蘸有酸性重铬酸钾溶液的滤纸在空气中几分钟就转变为绿色。

（2）用酸性重铬酸钾溶液代替重铬酸钾溶液。因为向重铬酸钾溶液吹乙醇气体，橙色不能很快转变为绿色；酸不能过量，如果过量，蘸有酸性重铬酸钾溶液的滤纸在空气中就会自动变绿。

（3）酸性重铬酸钾溶液和乙醇都要避免接触嘴唇。无水乙醇与嘴唇较近时有灼烧嘴唇的感觉，重铬酸钾溶液有毒（正六价的铬是毒胶囊的重要有毒元素）不能进入口中。

（4）原木纯浆纸巾和酒精棉球要有适当的距离。最开始笔者把蘸有酸性重铬酸钾溶液的滤纸和蘸有酒精的棉花共同放在干燥管内，没等吹气就由橙色变成了绿色。于是笔者对实验进行了改进，在玻璃管的末端放入半张卷好的原木纯浆纸巾，滴入几滴酸性重铬酸钾溶液，然后在玻璃管上端配一个带有胶塞的干燥管，干燥球形部位放入蘸有酒精的棉花，干燥管上端塞上一个带有胶塞的长导气管，从长导管处吹气，使得挥发出来的酒精气体接触到蘸有酸性重铬酸钾溶液的原木纯浆纸巾，从而使实验成功。

（5）最后通过反复实验对比，发现用玻璃丝代替原木纯浆纸巾效果更明显。

司机酒后驾车存在很多安全隐患，虽然现在交警用的酒精检测仪器是数字检测仪器，但是模拟酒后驾车检测实验还是很有必要的。演示实验不仅直观、容易理解、说服力强，而且可以调动学生积极思维，激发学生的学习兴趣。

体验式写作：让议论文闪耀生命的光彩

深圳市第二高级中学　李剑林

议论文以理性思考取胜，分析与综合是议论文写作的看家本领。正因如此，议论文也容易显得拘谨呆板，没有个性特点。在议论文的写作中，如果添加一些鲜活的生命体验，那么文章就会变得灵动多彩、引人入胜。

一、分析式写作的局限

目前，议论文写作多以分析材料为中心，所以我们称之为"分析式写作"。分析式写作可以完成大部分议论文的写作，但对于一些特殊的题目会显得无能为力。比如2017年高考全国 I 卷作文：

阅读下面的材料，根据要求写作。

据近期一项对来华留学生的调查，他们较为关注的"中国关键词"有"一带一路"、大熊猫、广场舞、中华美食、长城、共享单车、京剧、空气污染、美丽乡村、食品安全、高铁、移动支付。

请从中选择两三个关键词来呈现你所认识的中国，写一篇文章帮助外国青年读懂中国。要求选好关键词，使之形成有机的关联；选好角度，明确文体，自拟标题；不要套作，不得抄袭；不少于800字。

题目提供了12个关键词供考生自由选择随机组合，但是对于每一个关键词都没有提供背景材料。无论哪个关键词，如果学生想要对其进行分析，都需要自行补充大量材料。而实际上，考生对这些关键词的了解多是一知半解。比如"高铁"一词，关注时事的考生会了解到我国的高铁技术处于世界领先水平，许多技术拥有自主知识产权，高铁还远销欧洲。不过，我国哪些技术拥有自主知识产权，那些领先的技术领先到什么程度，远销欧洲的是什么样的技术和车型，这些信息考生多是一无所知的。在这种情况下，如果继续采用分析的方法写作，就只能是泛泛而谈，流于表面。

再如2018年高考全国Ⅰ卷作文：

阅读下面的材料，根据要求写作。

2000年农历庚辰龙年，人类迈进新千年，中国千万"世纪宝宝"出生。

2008年汶川大地震，北京奥运会。

2013年天宫一号首次太空授课。

公路"村村通"接近完成；"精准扶贫"开始推行。

2017年网民规模达7.72亿，互联网普及率超全球平均水平。

2018年"世纪宝宝"一代长大成人。

……

2020年全面建成小康社会。

2035年基本实现社会主义现代化。

一代人有一代人的际遇和机缘、使命和挑战。你们与21世纪的中国一路同行、成长，和中国的新时代一起追梦、圆梦。以上材料触发了你怎样的联想和思考？请据此写一篇文章，想象把它装进"时光瓶"留待2035年开启，给那时的18岁的一代人阅读。

要求：选好角度，确定立意，明确文本，自拟标题，不要套作，不得抄袭，不得泄露个人信息；不少于800字。

这个作文题目以"大事记"的方式提供材料，是一个具有"历史纵深感"的好题目。但是，它提供的材料是大事件的罗列，没有事件来龙去脉的阐释。这和2017年高考全国Ⅰ卷作文的关键词一样，考生虽然每个独立的事件都有所了解，但又都是了解一鳞半爪。所以，对多数考生而言，这类题目的写作不具备可分析性。如果我们仍然引导学生从"是什么—为什么—怎么办"这几个方面进行分析，那将会南辕北辙事倍功半。"是什么？"是国家的政策。"为什么？"为了实现社会主义现代化，为了实现伟大的民族复兴。"怎么办？"国家用一个接一个"五年计划"来办。除了"'世纪宝宝'的出生"，剩下的材料都是国家全局性的内容，要求考生细致分析，"难于上青天"。

不同的作文题目，应该使用不同的写作方法。即使是议论文，也需要多样的写作方法完成。尤其是当我们熟悉的方法不适用的时候，就需要寻找新的写作方法。

二、体验式写作的价值

面对分析式写作的局限性，我们提出"体验式写作"的概念。"体验式写作"即动用自己的人生体验（这些体验包括对自己人生经历的回顾与总结、对社会现实状况的观察与思考、对未来社会的憧憬与期待），把这些体验融入议论文的写作，为文章打上个性化的色彩。

1. 写作训练的价值

在议论文的写作中，学生多喜欢应用名人事例作为事实论据，以至于出现了把"因文选例"变成了"为例造文"的不良现象。即使是任务驱动型作文已经倡导多年的今天，这种现象仍然没有彻底去除。如今，大量高中生的写作训练仍然被简化为准备名人事例的训练，而不是使用"事例的训练"，更谈不上写作能力的训练。"体验式写作"把学生写作训练的关注点从向外寻找事例，转变为向内发掘自身。以自身的体验支撑写作，这是一种真实的写作能力训练。

2. 思维训练的价值

在义务教育阶段，学生主要依靠感性思维解决问题。随着年龄的增长，尤其是到了高中阶段，理性思维的培养显得十分重要。这个过程容易给人一种误解：理性思维高于感性思维。而实际上，理性思维和感性思维只是侧重点有所不同，并不存在思维能力的高低之别。进入成年以后，感性思维又变得非常重要。一个人获得成功，情商因素远远大于智商因素就是这个道理。

解决具体问题的过程需要同时调动两种思维方式。议论文的写作主要依靠理性思维，但是这不等于不能动用感性思维。无论是哪种文体的写作，两种思维的协同应用才能达到最佳的效果。

3. 创新能力培养的价值

培养创新型人才，是国家的需要，是时代的需要。对创新型人才的培养应融入教育的方方面面，而写作训练是一种不可替代的培养方式。除了物理、化学、生物等学科少数的实验题目之外，作文是最典型的需要学生付出巨大思维解决复杂问题的题目。并且，其他学科的实验题目是在重复已有的过程，重现已知的结果，其中并不具备真实的研究和发现的意义。而作文从构思到写作是一个从无到有的过程。基于给定材料，完成写作任务，这是一个完整的发明创造的过程。在这个过程中，包含着无限的创新机会和创造元素。

三、体验式写作的方法

体验式写作需要学生动用自己的人生体验，这并不是要求学生回到以往记叙文的写作状态。对于写作，每一个学段都有独特的要求。即使是记叙文写作，学生在义务教育阶段也需要完成从简单记叙文到复杂记叙文的提升。高中阶段学生对生活、社会的体验进入议论文，它的呈现方式不同于初中的记叙文。

1. 回顾过往，浓缩经历，提炼情感

学生虽然经历了小学、初中、高中几个求学阶段，学习的知识基本相同，生活也多是"家庭—学校"两点一线，但是具体的人生经历有所不同。即使是面对相同的事情，不同学生也会产生不同的感受。当回首往事的时候，我们需要把情感进行提炼、加压。把浓缩后的情感写进作文，这种高浓度的情感会成为文章的一抹亮色。

比如2018年高考全国 I 卷作文，材料中提到了"2008年汶川大地震"。

2008年，考生只有8岁；今天，考生已经18岁。10年前汶川地震的事情记忆可能已经变得模糊。这种情况下，考生就不需要费尽心思回忆那个时候的故事，而是需要唤醒那个时候的感受。想到汶川地震，震惊、同情、伤心、关爱……五味杂陈的情感是永远不会消失的。把这种情感寄托在一个典型的场景上——捐赠——就可以完成一个包含生命感的写作。

遥想汶川地震，10年前的我们还是懵懂顽童。然而，一只只稚嫩的小手高高举起的零花钱缓缓地放进捐款箱，一双双蒙眬的泪眼，一颗颗沉痛的心灵，每一个孩童都经受着灾难的震撼，每一个孩童都感受到爱心的感召，你—我，每一个人都在与汶川这个遥远的地方同呼吸共命运。（李剑林下水作文《飞龙在天赏大同》）

再如2020年高考全国Ⅲ卷作文："毕业前，学校请你给即将入学的高一新生写一封信，主题是'如何为自己画好像'，与他们分享自己的感悟与思考。也可以通过回忆自己的高中经历，为学弟学妹提供指导。"

就拿学姐来说，曾经也是长发飘飘的呦！在我们学校，长发飘飘就只能在下午放学后在田径场上自由锻炼的时间。在四百米的跑道跑上十五圈，飘飞的长发拖曳着所有男生的目光。"耕者忘其犁，锄者忘其锄。"感觉不错！学姐呢，更想要一种"谈笑间，樯橹灰飞烟灭"的感觉。所以，断然剪去了长发，坐上了学生会的第一把交椅。姐姐我在位期间，最重大的贡献就是筹建"深圳学生联盟"。联盟的宗旨是"记录学生生活，表达学生心声，规划学生未来，展现学生风采"。联盟已经开始运作，这是学生的自媒体，欢迎你们加入啊！（李剑林下水作文《画眉深浅入时无——关于画好高中自画像的公开信》）

体验式写作不追求故事的完整性。故事的呈现是片段式的，是场景式的；故事为情感服务，故事在情感的统率下讲述。写出浓烈的感情，是体验式写作的最终目的。

2. 关注当下，发现问题，提供方案

指向现实问题的解决，这是任务驱动型作文的一大特点，也是情境写作的一大特点。思考解决问题方法的过程是思维训练的过程，也是创新能力训练的过程。比如2017年高考全国Ⅰ卷作文，有一个关键词是"广场舞"。2017年前后，广场舞扰民的新闻时有报道，甚至出现了小区居民重金购买高功率音响"对抗"广场舞噪声的恶性事件。这当然不是"帮助外国青年读懂中国"的重点。但是，如何解决问题，是不可回避的。

其实，"广场舞"一词包含着丰富的社会信息。大妈们已经为这个国家这个社会奉献了一生，退休了还要帮助儿女带孩子。每天就这么一个半小时属于她们自己，并且活动的方式也仅限于广场舞而已。试想，如果她们白天可以随意休闲，晚上有多种活动可以选择，广场舞还会是大妈们唯一的风景吗？对于广场舞大妈，社会应该给予更多的理解、敬重，甚至歉疚。基于以上思考，就可以有下面的写作：

每天19：30，我的窗下准时响起《最炫民族风》的音乐。我打开窗户，音乐汹涌而来。三五人，三五十人，一百三五十人。我趴在窗台上遥望，"大妈们"载歌载舞，仿佛重新拥有了青春。四月份以来，陶醉在广场舞之中，是我每天备战高考中最好的休息。这个舞队由我奶奶创建，现在我的妈妈也是其中一员。有时候，我想，当妈妈退休的时候，我能否给她提供更多更多的休闲时间，更多的休闲方式？因为对待老人的态度是一种社会良知的底线。（李剑林下水作文《最美广场舞，幸福单车行》）

将对"广场舞"的思考融入自己的生活，把"广场舞"和"高考"这一组看似矛盾的事情统一起来以达到问题的完美解决。再如2019年全国高考Ⅰ卷作文，"倡议大家'热爱劳动，从我做起'"：

今天，我们在为实现伟大的民族复兴而奋斗。民族复兴包括所有优秀传统文化的复兴，当然也包括热爱劳动这项中华民族的优秀传统。"凤兴夜寐，洒扫庭内"，这是古人生活的日常。这种勤劳风气绵延至今。周六、周日回到家中，我们就能看到，我们的爷爷奶奶，我们的爸爸妈妈，他们不都还在保持着这样的勤劳作风吗？当然，我们会睡睡懒觉，打打游戏，那是张弛有度的调剂，那是偶然为之的休闲。调剂和休闲之外，我们还要向爷爷奶

奶看齐，见贤思齐——"夙兴夜寐，洒扫庭内"。（李剑林下水作文《复兴路上勤劳不辍》）

在体验式写作中，问题的解决不是板起面孔讲道理，而是生动活泼的日常生活故事的描述。在面对一个问题的时候，如果态度明朗，那么相应的故事讲述也就能够做到简洁明了，充满生趣。因为对老人的敬重和关爱，所以广场舞不仅不是噪声，反而是优美的休闲音乐，所以希望为老人提供更多样的休闲方式，希望老人拥有更多的休闲时光。因为对劳动完整深入的认识，因为自己长辈榜样的作用，所以提出向他们学习，要像他们一样热爱劳动。这些解决问题的方案都是常规性的。当然，还可以提出具有创造性的方案。比如2020年深圳一模作文，探讨如何通过校园体育提高青少年的体质问题。

同时，我更希望同学们积极行动起来。毕竟，体育课，你们才是主角。……你们能做的绝不仅仅是说出自己喜欢什么。你们同样可以参与到体育课程的开发和建设中来。体育课上课的内容和上课的形式都可以有所突破。比如，可以在学校的体育课上设计一次登山探险活动，在节假日实施这项活动。这样就打破了体育课堂时间和空间的局限性。（李剑林下水作文《多彩体育课，强健美少年》）

这里提出校园体育课打破时间和空间的限制，把校园体育延伸成为社会体育。在体育课的形式和内容上都具有创造性。对于学生的创造意识和创造能力，在实践中不能要求过高，只要与现实有所不同，对现状有所改变，我们都应该肯定其包含的创造性。

3. 展望未来，构建情境，写出理想

写作的过程是作者写出自己"理想国"的过程。每一个写作题目，每一个社会问题都会有一个理想的状态。比如2020年高考天津卷作文，"走过2020年的春天，你对'中国面孔'又有什么新的思考和感悟？"这里强调一个"新"字，新的"思考和感悟"可以是对理想状态的思考和感悟。

今天，每个人的言行都是国家的面孔。凯旋门前欢乐的广场舞是中国的面孔，老佛爷里扫货的长队是中国的面孔，奔向武汉的路上一支支医疗队是

体验式写作：让议论文闪耀生命的光彩

中国的面孔，发往全世界疫情区的口罩是中国的面孔。中国在发展，世界在变小，每个人都是国家的面孔。

一个人的面孔，就是一个国家的面孔。关爱每个人的面孔，维护的是国家的尊严，营造的是民族归属感的深情。（李剑林下水作文《中国面孔，中国深情》）

可以代表一个国家和民族的面孔当然是那些为国家和民族做出了重大贡献的人。而2020年的疫情告诉我们，普通的医务工作者和快递小哥也可以成为代表一个国家的面孔。由此推而广之，每一个普通人都可以成为代表国家的面孔。如果每个普通人都承担起了代表国家面孔的责任，那么我们的国家也就具备了强大的凝聚力。所以，理想的状态就是"一个人的面孔，就是一个国家的面孔"。这里的"一个人"指每一个"普通国民"，这也是对个人与国家关系的思考，是个人与国家有机统一起来的一种表达。

在个人与国家之间存在着诸多变量。对于这些变量，我们可以一一思考它们的理想状态。比如2020年高考全国Ⅰ卷作文问："齐桓公、管仲和鲍叔三人，你对哪个感触最深？"

没有把天下放在胸中的格局，就不会有以天下为己任的思想。每每面对历史，每每遥望齐桓公，我皆为其把国家托付仇人的魄力和尊王攘夷的格局所折服。公子小白杀死管仲，如同碾死一只蚂蚁；齐桓公无视天子称霸天下，他拥有足够的实力。但是，在此，历史无须假设，历史已经给予我们最富有魅力的选择。

当然，管仲的经天纬地之才，鲍叔的知人力荐之功，这些都会让我们感慨不已。但是，风气的形成，土壤的培育，这些基础性工作唯有齐桓公的一言一行才起到决定性的作用。

心有多宽，舞台就有多大。魄力与格局不是死扣零点几分的平均分可以得到的。诸葛孔明"与石广元、徐元直、孟公威俱游学，三人务于精熟，而亮独观其大略"。各位同学，我们什么时候开始从"务于精熟"走向"观其大略"呢？（李剑林下水作文《非凡的魄力，恢宏的格局》）

无论是回顾历史，还是关照现实，我们都会发现许多人心胸狭隘、目光短浅。在具体的事务中，那些人成事不足败事有余。而心胸广阔、魄力恢宏的人却凤毛麟角。齐桓公的不计前嫌是对仇雠的宽容，齐桓公的尊王攘夷是对天下统一的维护，因此齐桓公成为雄视天下睥睨历史的一代雄主，成为后世众多帝王效法的对象。这种格局和魄力对于管理者具有永恒的借鉴意义，因为他们的决策关系着无数人的前途和命运。当然，齐桓公也有缺点和不足，但是在这里经过剪裁后，表现的是一位理想化的领导者的形象。在实现伟大的民族复兴的征程上，国家需要更多具有齐桓公一样格局和魄力的人才，无论他是否处于领导岗位。

体验式写作进入议论文，并不会削弱议论文的理性特点，更不会取代议论文以阐明观点为主的本质特征。体验式写作的融入，会给议论文增添生命的灵动，让议论文闪耀生命的光彩。

管窥鲁科版化学必修教材

深圳市第二高级中学　王艳丹

高中《化学1》（必修）目前有人教版、粤教版、鲁科版等几种不同版本。我校曾经选用过人教版的教材，这次高中新课程实验选用了鲁科版教材。此教材是由北京师范大学国家基础教育课程标准实验教材编委会组编的。通过一段时间来对此教材的运用和实践，笔者对此教材的功能、特点有了一定的认识。应该说，这是一本集许多优点于一身的新教材、好教材，但也难免存在一些瑕疵，具体如下。

一、鲁科版化学必修教材与课程标准的对照分析

1. 教材脉络体系和特色

鲁科版化学必修教材重视学科基本观念的形成，在教材体系的构建上，首先给学生介绍化学研究中常用的方法，然后应用这些方法学习具体的化学知识。《化学1》教材体系的构建基本上打破了学科的知识体系，从"元素与物质分类""元素在自然界中的循环""元素与材料"等多种线索向学生介绍典型的元素化合物知识，开阔学生认识元素与物质的视野，引领学生建立"元素观""物质观"等基本观念。《化学2》则在《化学1》的基础上，首先构建起对元素周期律和元素周期表的理解和认识框架，然后从化学键的角度引领学生理解化学反应和能量变化的实质，最后应用有关知识学习有机化

合物的结构和性质。总括起来，"高观点、大视野、多角度"是鲁科版化学必修教材体系构建的主要特点。

2. 教材创造性地落实了课程标准

鲁科版教材《化学1》《化学2》与课程标准《化学1》《化学2》相比内容顺序调整较大，教材将课标中的6个主题进行了整体设置。《化学1》第1章"认识化学科学"包含了课标《化学1》主题1、主题2、主题3中有关化学科学的概况、物质的量、分类等科学方法、物质的检验分离提纯和溶液的配置、钠及其化合物的性质、氯气的性质等内容；第2章"元素与物质世界"、第3章"自然界中的元素"、第4章"元素与材料世界"以课标《化学1》主题3"常见的无机物及其应用"内容为主，同时包含了课标《化学2》主题3"化学与可持续发展"中有关"海水综合利用""矿物自然资源的利用""酸雨的防治"等内容。《化学2》第1章"原子结构与元素周期律"以课标《化学2》主题1"物质结构基础"的内容为主；第2章"化学键化学反应与能量"以课标《化学2》主题2"化学反应与能量"的内容为主，同时包含了主题1中有关化学键的知识；第3章"重要的有机化合物"主要落实了课标《化学2》主题3"化学与可持续发展"中有关有机物的内容。

教材比较全面地落实了课标中所规定的内容，并且教材的内容选择非常丰富，教材中很多内容都对课标做了深化。

（1）《化学1》第2章第1节介绍了胶体，这部分内容教材主要介绍了胶体的微粒大小和性质（丁达尔现象、电泳、聚沉），在介绍胶体微粒大小时教材正文中出现了微粒粒度的概念，这个概念学生以前没有接触过，教材中也没有明确说微粒粒度到底是指什么，这需要教师在教学中给学生明确。

（2）《化学1》第3章第1节"碳的多样性"一节介绍了多种多样的碳单质、广泛存在的含碳化合物及碳及其化合物间的转化，教材用一节的内容来介绍这些知识，而课标中关于碳的描述只是出现在《化学1》主题3中的"活动与探究"建议第8条："讨论自然界碳、氮循环对维持生态平衡的作用"。

鲁科版教材图文并茂、生动活泼、信息多、容量大、栏目丰富，与生产生活联系紧密；无论是形式还是内容，都发生了重大变化，成为实施素质教育的有效载体，为教师的课堂教学提供了更为广阔的空间。

二、栏目设置具有广泛的教学价值和新课程特色

1. "交流研讨"，改变学生的学习方式

新课程倡导学生主动参与、乐于探究、交流与合作的学习方式。教材中"交流研讨"栏目为学生提供了交流讨论的平台。教师要充分利用这个栏目，组织学生开展有效的学习活动。其一，要充分挖掘本栏目中的活动资源，让学生主动参与研讨；其二，关注生成性的课程资源，及时捕捉，灵活应用，往往能出奇制胜，获得意外的效果。新课程标准认为，教学过程是开放的，不是封闭的；是生成的，不是预设的。"交流研讨"活动中，师生、生生互动，最易生成教学资源。教师要有较强的课程资源意识，及时捕捉、利用生成性的教学资源。

2. "方法导引""工具栏"，培养学生的资源意识

教材中"方法导引"和"工具栏"属于方法性栏目，为学生解决问题提供相关的资料、数据和方法思路等，是培养学生搜集和处理信息的能力、获取新知识的能力、分析和解决问题的能力的课程资源。在使用这两个栏目时，要达成两个目标：其一，从中获得解决相关问题的方法；其二，逐步增强使用"方法导引""工具栏"的意识，培养学生使用教材提供的各种资源的意识，不断提高其学习能力。

3. "观察思考""活动探究"，提高学生的科学素养

化学是一门以实验为基础的自然科学，学生认真细致的实验态度、敏锐的观察习惯、严密的思维分析能力非常重要。教材中"观察思考""活动探究"这两个栏目为我们达成这个目标提供了空间。用好这些栏目，开展探究活动，可以激发学生的学习兴趣，让学生掌握科学探究的基本程序和步骤，养成良好的学习习惯，提高科学素养。与传统教材相比，教材中无论是学生分组实验，还是教师的演示实验，很少直接描述实验现象、实验结果。其目

的在于让学生观察、记录、分析、获得结论，只有学生在情感、行为、认知三方面的积极参与，才能获得体验、提高能力。因此，在使用该栏目时，教师要创设浓厚的探究学习氛围，激发学生的学习动机，帮助学生明确探究目的，引导学生完成探究活动的每一环节，体验科学探究的过程。

4. "化学与技术" "追根寻源" "资料在线"，拓宽学生的学习视野

教材中"化学与技术" "追根寻源" "资料在线"属于拓展性栏目，目的在于引导学生高观点、大视野、多角度地认识化学科学，体会从实验室研究到工业生产的过程的艰辛，感悟化学科学对人类社会的发展的伟大贡献等。这些栏目布置学生课外阅读较为适宜。怎样才能让课外阅读落到实处？一方面，布置课外作业，学生利用课余时间查阅资料，进一步丰富"化学与技术"等栏目的内容；另一方面，巩固应用，只要后面的学习中遇到与之相关的内容，就布置学生进行复习，既加强了前后知识的联系，又让学生逐步养成了良好的学习习惯。

教材还有许多栏目，为教师的课堂教学提供了更为广阔的空间，为学生的自主学习提供了平台。能否充分发挥教材的优势，关键在于教师的素质。教师的理念是否真正转变；能否准确地把握好新课程实施过程中教师的角色定位；是否有敏锐的课程资源意识，能否对教材进行充实整合；备课时，能否关注学生已有的知识基础和生活经验等。

三、在教学中发现的一些问题

1. 教材知识存在个别遗漏

（1）对于物质的分离提纯，课标的要求是"初步学会物质的检验、分离、提纯和溶液配制等实验技能"，教材中对于物质的检验这部分内容集中出现在《化学1》第2章第2节中，对于溶液的配制出现在《化学1》第1章第3节中，这两部分内容教材介绍得比较详细具体，但是对于物质的分离和提纯教材中没有专门讲述，只是在第3章第4节"海水中的化学元素"中介绍海水提溴的时候涉及利用溴的挥发性，鼓入热空气或水蒸气，就可将溴分离出来。

（2）内容标准中《化学2》主题3"化学与可持续发展"中的内容"以酸雨的防治和无磷洗涤剂的使用为例，体会化学对环境保护的意义"，教材中有关酸雨防治的内容出现在《化学1》第3章第2、3节"氮的循环"和"硫的转化"中，主要介绍了酸雨的形成、危害及防治途径，对于课程标准中要求的无磷洗涤剂在教材中没有出现。

（3）内容标准中《化学1》主题2"化学实验基础"中的第三项"树立安全意识，能识别化学品安全使用标识，初步形成良好的实验工作习惯"，教材对于这部分内容没有集中体现，只是在有关实验内容的章节中有所提及，如钠的取用；闻气体的方法；甲烷与氯气的混合气体不能放在日光直射的地方以免爆炸；有机化合物具有可燃、易爆的特点，在运输和使用有机化合物时必须注意安全等。对于这部分内容，笔者认为教材还应该进行强化。

（4）内容标准中《化学2》主题3中第六项"能说明合成新物质对人类生活的影响，讨论在化工生产中遵循'绿色化学'思想的重要性"，教材中没有涉及有关"绿色化学"思想的内容。

2. 课时设计不尽合理

每个模块的教学时间为36学时，教学时间是有限的，而要让学生学习的内容却较多，如何在有限的时间内达成教学目标，是教师所必须面对的挑战。是否每个模块都必须严格在规定学时完成？如我校在实施中发现36学时对必修1模块教学过于紧张，而对必修2模块就比较宽松。

3. 教材知识的编排、选择和设计有待改进

（1）教材对知识的系统性表达再明确些。新课程标准似乎不强调化学科学知识的系统性和完整性，但对科学知识和科学思维方法的掌握一定是建立在逻辑严谨的系统之上的。《化学1》《化学2》编写上给人的印象有点乱（实际上是有它自己的体系），如果在编排上再明确些会更好。例如，《化学1》中第1章第一节可以再充实些，给学生以学习化学的理由；第二节可以明确加两个标题，如"1.研究典型的金属——钠，2.研究典型的非金属——氯"；第三、四章明确地对物质按非金属和金属分类进行编排和总结也可能会更好。

（2）教材对实验和实验探究的设计还可以再精细些。例如，在指导学生实验操作的同时提醒学生注意观察和感受，而不是事后回想。教材还可以提供一些实验报告的范例等让学生在探究学习知识的同时掌握化学实验研究的方法，使学生对化学实验过程有比较完整的了解。

教材在探究设计上可以再精巧些，书中的探究设计基本上还是知识性的，而且大多存在自问自答的嫌疑，学生几乎不用探究就能在书中找到答案，这样课堂探究形同虚设，或者使探究活动大打折扣。

随着时代的进步，许多实验手段已经得到革新，教材应该提供大量新的实验方法和手段，如可以把现代传感系统在中学化学实验中的应用更多地介绍给学生，在电脑如此普及的今天，传感设备应该成为中学化学实验室的必备设施。

（3）教材中例题太少，学生缺乏解决问题的范本。例如化学计算，有关物质的量等概念的学习就缺少例题示范，教学中教师只好增加例题、习题。特别是课后习题比较陈旧，不符合新课标要求。习题对于学生很重要，因为学生学习有个重要手段就是做练习。

（4）教材中有些知识如科学概念、理论、化学式等，不同教材应该相互兼容，如果有一些说法上的不同，只要是通用的，应该加以说明，如四羟基合铝酸钠、偏铝酸钠等。因为在高考试题中确实存在偏铝酸钠这种物质，不能一味坚持己见，不尊重习惯。

（5）有机化学知识应该再充实和系统些。结合高考要求，一些有机化学知识的难度可以适当降低，减轻学生学习负担，不能一味追求科学和系统，过分加深、拓展知识内容，有些知识只能到大学去学习。

人教版教材带来的习惯势力造成一些教师不想改选教材，我觉得鲁科教材编写应该在坚持自己特色和课程标准的同时，兼顾习惯，兼容各种版本教材的知识，力争在知识上和人教版同步。

这次基础教育课程改革催生了鲁科版高中《化学》（必修），毫无疑

管窥鲁科版化学必修教材

问它是很优秀的教材。这本教材使笔者耳目一新，豁然开朗，我很喜欢它。同时，作为它的积极实践者，笔者会扬长避短，充分发挥它的功能，促进它的成长，这也是本轮课改赋予我们的责任。作为一个忠实的实践者，笔者期望这套教材与这场课程改革一道走向成熟，与时俱进，成为更令人喜爱的教材。

浅议英语核心素养视角下读后续写
教学中的德育价值

——以一节英语课为例

深圳市第二高级中学　王　健

普通高中学生英语语言的学习既有高考升学的短期目的，也有工作生活的长期个人发展需要。英语学习的过程既是学生语言学习的过程，也是学生了解人与社会、人与自然、人与自我的过程。对于英语教学的动机，不同学段的英语教师有着明显的差异。然而，对于普通高中的学生，英语教师普遍关注学生高考升学的学习需求。作为英语教学的纲领性文件，普通高中英语学科核心素养为英语教学和学生的发展指明了方向，即通过对学生学科素养的培养达到促进学生全面发展的目标。在注重学科核心素养落地途径探索的同时，英语教师也应该同样注重学生德育方面的成长，将立德树人这一根本任务贯穿英语学习内容和学习环节的始终。

德育教育的基本原则是"小处入手、细处着眼、强化指导、强调养成"，因此德育教育的开展要体现对于学生成长促进的效度和时效性。英语教师要根据课程教学过程中的环节和细节，结合教学环境的设置和教学目的的实现，适时开展德育教育。在英语教学中，课程类型的差异为学生提供了不同的学习环境和表达环境。在高中英语学习中，作为一种探究学生思维的课程形态，英语读后续写是一种将写作与阅读相结合的考查形式，既可以锻炼学生的综合语言运用能力，又可以锻炼学生的创新能力。本文基于外研版高二英语教材第6模块第三单元Roy's Story的结尾处的片段（如下）进行了一次续写，并针对本次任务进行了一次语言知识技能与德育教育的探索。

在确定学生已经对文章有了充分的理解后，教师开始进行任务布置。学生在阅读前文信息的基础上，利用15分钟时间，结合文章的内容，以小组为单位进行续写，字数不超过150字，通过口头表达展示续写内容，最后教师进行点评。学生在展示过程中体现了不同的创造性思维和续写内容。主要观点围绕是不是Roy实施了偷窃进行了展开。第一种观点认为，Roy偷窃了班级的捐款。学生延续文章内容，对Roy进行了批评教育。第二种观点认为，Roy偷窃了班级的捐款处于善意的原因，如家庭困境等。第三种观点认为，Roy并没有进行偷窃，钱包内的财物属于Roy全家。透过学生的不同续写内容和角度，教师可以看到学生对于此类事件常见的价值判断和处理方法。学生自身的成长经历反映了学生对此类事件理解的差异。教师在进行点评时，没有给出定性的评价，而是带领学生，以角色互换的方式进行了模拟推演："如果你是Roy，你想怎么解释钱包里的财物？"这一问题交给学生后，学生进行了短暂的思考，给出了基本的答案，即倾向于解释自己的清白。

从学生的续写到学生对问题的反馈，角色的转变，实现了对于他人的理解，也实现了对事件的多角度观察。回顾这节英语课课堂教学的实施，特别是德育教育的开展，有以下几个方面需要关注：

首先，落实核心素养层面，教师要引导学生把握好文章的重要信息和语言特点，从读、说、写等不同角度关注学生语言能力的培养，要在续写前给予学生充足的时间体验和领会文章语言、文本的特点。文章中的charity, stolen, theft, as if等重要信息形成了整个文本的线索，表达清晰又留有余地。特别是文章中从"由于天气寒冷，我穿上了他的夹克"到下一句"我能摸到纸币"，中间隐含的内容被省略了，即"天气寒冷，我把手放在了口袋里"这一下意识的动作。语言既简单明了，又能引发学生对于文章细节的思考，促进学生对生活本身的关注。拓展问题的设置，如英国伦敦地区的气候、英国学校的管理制度、英国学生的作息时间等，能够启发学生对已有知识的回顾、对于新知识的探索、思考文章描述的背景信息，对学生英语核心素养中文化意识的提升起到了较强的引导作用。同时，本文从作者童年的回忆开始引出话题，引发学生自身对于成长的回忆，特别是对自己影响深远的同学和朋友的回忆，唤起对自己良师益友的感激。尤其通过初次见面细节的描述，借助时态的转换，作者带领读者穿梭于回忆和现实之间，一同关注成长中的人和事。在故事的展开中，特别是在朋友遭遇家庭变故的情况下，作者对于朋友的关注和理解完美诠释了"友善"这一社会主义核心价值观。

其次，需要教师在关注文本基本信息的同时，有效培养学生的思维品质。第一，关注培养学生分析和推理的能力。文中前后两处500英镑是否有必然联系，Roy的家庭变故能否导致其产生偷盗行为，作者对Roy可能有怎样的判断和期望等，通过问题的设置引导学生分析和推理。第二，要引导学生体现辩证思维，有理由地对事情进行判断。关注培养学生理性表达观点的能力。续写内容中涉及观点的表达，要有理有据，要体现出对问题的理性看待、对事情发展的积极期待，表达的内容要积极向上。同时，要引导学生在表达中体现清晰的逻辑关系，如续写内容中各句子的逻辑关系和续写内容与前文的逻辑联系。第三，关注培养学生对信息的分类概括能力，如Roy在家庭变故前后的变化等。在提升学生核心素养的同时，教师应该紧紧围绕青少年成长过程中最重要的主题，即如何形成正确的世界观、人生观和价值观，进行德育方面的渗透。面对好朋友可能出现的问题，作为同龄人，同学们应该如何面对和解决？在续写的过程中，根据已有材料，学生表达的中心是揭露盗窃还是编造善意的谎言，或是有更完美的解决方案？不同的选择体现出学生对这一主题的理解，也能体现出学生对于生活和朋友的态度。通过学生在续写内容的讨论中，了解学生目前的德育问题，特别是通过学生在小组讨论后的展示环节，教师能够根据这一主题对学生进行价值观、人生观方面的引导，启发学生对于此类事件的思考角度和处理方式。第四，学生口头展示环节后的教师点评要最大限度地体现教师对于学生德育教育的重视。首先，点评的角度应该是从学生的角度展开，而不是教师作为成年人对未成年人的说教。学生在成长过程中一定会遇到问题。面对这些问题，作为学生，不同的选择意味着不同的结果。应该如何积极地去面对而不是逃避，如何在困境中实现成长和进步，是需要教师引导的。其次，点评的内容应该是引导学生养成积极的交友原则（本单元阅读材料之一），即如何正确看待人际关系（本单元主题），怎样处理人际关系，怎样处理自己对于朋友交往中的疑惑，怎样处理自己生活中的问题。最后，点评的目标应该引导学生养成积极的生活态度。比如遇到疑惑时，要宽以待人，不能主观臆断；比如身处逆境，要学会自立自强。

再次，对于教学活动组织中的德育教育，要进行有意识的设计，要关注多方面因素对于学生德育教育的促进作用。学生在成长过程中可能都会有不同的生活轨迹，可能会有不同的生活态度。不同的经历，对于文章的理解，会存在着较大的差异。在进行此类教育活动设计时，教师应该对学生的整体状况有基本的了解，要避免对个别学生形成的潜在伤害。学生成长过程中，同龄人之间的相互影响非常大。他们每天在一起学习、生活，对各自的世界观、人生观和价值观都有着重大影响，其影响程度可能超过老师和家长。因此，讨论小组的建立要充分考虑学生的组合原则问题，要注意学生之间的配合，选择积极向上、心态乐观的学生担任组长，组织小组的学习活动。通过小组的讨论等集体活动，学生在交流中自由表达自己的看法，或形成共识，或表达分歧，同时借助教师的参与，这一过程本身就是学生相互促进成长的过程。从社会的多元性、从不同角度去思考问题、看待问题，这些都需要让学生在课堂上学会。学会接受差异，学会理性表达，这本身就是成长中最重要的德育。

最后，教学过程注重言传，更注重身教。第一，要鼓励学生养成积极乐观的学习态度。学生在续写过程中可能出现不同的问题，如基本的语法错误，不知如何表达自己的内容，羞于表达自己，甚至对于文章有不同的理解等，教师要引导学生关注优秀同学的品质，要对自身出现的问题抱以积极的态度，要允许错误的出现，要认识到错误和差异的价值，更要看到自身努力的方向。第二，要引导学生形成正确的世界观、人生观和价值观。教师对学生出现的问题要报以包容和积极的态度，让学生感受到老师的眼中没有"差生"；要引导和及时肯定学生在学习过程中出现的亮点，指明学生改进的方向，引导学生关注学习中出现的错误对成长、进步的积极意义；要营造民主的学习氛围，让学生积极表达、乐于表达、理性表达，通过分享自身的成长和收获，进一步强化对他人的尊重、对自然的尊重和对社会的尊重。从而在学习中，通过教师的引导，实现学生的成长、成熟、成才。

浅议英语核心素养视角下读后续写教学中的德育价值

深圳某学校高一学生英语词汇学习策略调查

深圳市第二高级中学　　王　健

　　早期针对不同环境下不同学习者的研究已经表明，学习者使用大量的词汇学习策略来辅助词汇学习。例如，Schmitt发现，很多日本的英语学习者使用了更多的学习策略在词汇方面，而不是语法方面。此外，学习策略的研究也表明，中国的英语学习者在英语学习过程中运用了大量的策略。此外，建立思维联系和死记硬背策略在大学阶段的学习者中应用普遍。考虑到高中生与大学生之间的相似性，本研究假设，高中生也在英语词汇学习过程中使用了大量的学习策略。

　　O'Malley & Chamot的研究从几个方面对本研究提供了启示。例如，元认知策略的实施在今天的课程改革中依然被重视，而学生对于死记硬背策略的使用恰好忽视了这一策略的使用。本文对于元认知策略发展的调查，其研究结果可以为教学方法的实施提供更加合理的方式和依据。

　　虽然O'Malley & Chamot根据学习任务的几个阶段，对语言学习策略进行了定义，但是这种分类似乎仍然存在缺陷，并且可能在语言学习的分类和功能上更加详细。语言学习策略的分类可以在联系单独策略方面更加成体系。因此，Oxford建立了一套包含六种策略类型的分类体系，即补偿策略、社会策略、认知策略、元认知策略、情感策略和记忆策略。

　　在Gu & Johnson的研究中，建立了词汇学习策略的两种维度，即元认知管理和认知策略，后者涵盖了猜词、使用字典、记笔记、演练、解码和激活策略。对比Gu & Johnson与O'Malley & Chamot的研究，可以看出明显的差异。例如，Gu & Johnson的分类并没有考虑到社交或者情感因素。原因可能如下：第一，Gu & Johnson的研究目的在于通过建立两类词汇学习策略，来确定学习策略与学习结果的关系。第二个原因可能是Gu & Johnson只希望关注中国环境下的策略使用（中国大学生）。早期的研究，如Oxford、O'Malley & Chamot只关注了词汇学习策略的分类，并没有考虑过具体的环境。在分类的过程中，特别是在具体研究过程中，调查社交、情感因素的一致性和影响是很难的。

尽管没有考虑社交和情感因素，但由于他们的研究与本研究处于同一文化背景下，Gu & Johnson的研究依然为本研究提供了非常重要的参考。

一、研究设计

1. 问题设计

结合前文讨论的可能影响策略选择的因素，本研究关注以下问题：①调查高一学生英语词汇学习策略；②确定高一学生是否愿意使用死记硬背的学习策略；③调查该群体对于死记硬背学习策略的信仰和态度；④找出该群体性别差异对词汇学习策略选择的影响；⑤调查该群体多大程度上认为死记硬背策略是积极的。

2. 调查对象

在本研究中，深圳某高中高一年级共计130名学生分成两组参加了问卷，并且男女生比例相同。分班依据入学成绩，随机分配。受访者英语学习时间为6~9年。为保护受访者隐私，调查以匿名方式进行。负责发放问卷的老师来自外校。在问卷首页和访谈前，附有一封告知函，表述问卷的目的：所搜集信息仅限于本研究使用。

3. 调查工具

由于本研究要调查不同成绩学生对于死记硬背学习策略的态度，因此在调查问卷和访谈实施前，会对学生进行一次词汇测试。200个所测词汇来自教材。本次问卷以Gu & Johnson、Oxford及Horwitz的理论为框架。前两者提供了学习策略清单，而后者提供了学习信念。现有问卷并不适合本研究，需要进行一些调整。

本研究要调查高中生词汇学习策略以及他们对策略的信念和态度，因此是一项定性与定量相结合的研究。因此，为了确保信度，在问卷实施前，会对研究的目的、参与者、过程和意义进行简要说明，以帮助参与者对本研究树立积极的态度。此外，为了弥补问卷自身的不足，研究者也会运用访谈来确保调查数据的一致性和稳定性。为确保调查工具的效度，在正式进行问卷前，10份调查问卷会发给参与者的同龄人，以找到潜在的问题并及时进行调整。而调查样本选择的效度主要考虑学生共同的学习和教育背景。在进行问卷和访谈前，负责的教师进行了简短的说明。两名教师向三个班级的学生进行了问卷调查，历时30分钟。然后，进行了三名学生的访谈，历时30分钟。访谈过程中，学生所提的问题和老师，负责教师全部进行了记录。

二、数据分析

调查共计发放130份问卷，全部回收，有效问卷118份。12份问卷无效，主要原因为：第一，一些问题没有进行回答；第二，某些受访者对于所有问题给出同样的回答；第三，一些个人信息缺失，如性别等。在问卷调查后，当天进行了三次访谈。不同英语词汇水平的三名学生（两女一男）参与。在访谈过程中，他们表述了对预设问题的回答。一些问题的深层次原因在访谈中得到挖掘。本研究中，所有数据通过SPSS完成统计，统计结果利用描述性分析和因素分析法进行解读。

三、结果与讨论

研究问题1：高一学生使用哪些英语词汇学习策略？

问卷和访谈数据的分析结果表明，学生在词汇学习中使用了大量的策略，如死记硬背、建立思维联系、声音图像、复习。访谈为学生对于词汇学习策略的选择提供了更深层次的解释。在他们对于该问题的回应中，受访者表明，他们根据目标词汇的特点，如词性、拼写等，使用过问卷中提及过的所有策略。例如，他们很多时候使用死记硬背策略，就是因为这种策略可以帮助他们应对考试。同时，受访者也认为词汇学习策略的选择取决于以往的学习经历。例如，词汇程度好的学生认为通过声音来学习词汇更加有效。除了访谈，问卷的数据也佐证了所有已列举的词汇学习策略都被受访者使用过。除策略的多样性，问卷也反映了受访群体对于策略应用的不平衡。

研究问题2：高一学生是否愿意使用死记硬背的学习策略吗？

数据表明，受访群体的确使用了大量的词汇学习策略。问卷显示，对于这一问题，并无明显差异，受访群体都选择第19项策略为最频繁使用策略（内容是当我记忆单词时，我经常需要大声朗读）。这项策略男生平均分达到了3.90而女生达到了3.82，因此可以判定学生最频繁使用策略为死记硬背策略。

除了考虑来自问卷的平均值，访谈也为这一结果提供了重要的支持。访谈中，受访者表明他们最经常使用死记硬背策略，原因是这可以帮助他们在考试中获得成功。具体原因可能如下：受访者认为在课堂外，他们需要花费更多的时间用来学习词汇，也就是词汇学习基本上是依赖自己完成的。死记硬背策略的选择满足了学生短时间内记忆词汇获得积极学习结果的需求。同时，通过频繁使用这一策略，学生的记忆策略和技能得到了锻炼，进一步促进了这一策略的使用。

研究问题3：高一学生对于死记硬背学习策略有什么样的信仰和态度？

在前面研究问题的基础上，对于死记硬背这一策略的信念也纳入了研究范围。数据显示，学生对于这一策略的使用持有积极的态度，也表明学生相信能够从这一策略中受益。例如，在关于死记硬背策略信念的7个问题中，有4个问题的平均值超过3.0；男生、女生都相信会从此策略的使用中受益，如重复策略、词汇单策略、翻译策略、图表策略。最消极的来自问题42（记忆词汇时，卡片很有帮助）。

研究问题4：性别差异对词汇学习策略选择有什么样的影响？

男生、女生对这一策略的信仰和态度无明显差别，但是对于具体策略，依然存在明显差异。由于受访者来自同一地区，可能在词汇学习策略的选择上存在相似性。基于这一假设，研究者希望通过对词汇学习策略的分类选择来确定异同点。

首先，对于死记硬背策略，问卷数据表明词汇学习策略选择中存在更多的相似性、较小的差异性。除了一些死记硬背策略使用上的相似，问卷数据也揭示了策略使用的一些差别。其次，在建立思维联系这一策略中，性别差异影响较为明显。问卷数据表明，男生更趋向于将词汇分解记忆，更喜欢用生词造句，而女生更倾向于按群组记忆，如拼写相似词、同义词、反义词。尽管如此，性别差异并没有对题目28（当使用单词的时候我会记住它们在某些文章中的例子）、32（为了学习经常出现的单词，我会读一些与这些词有关的文章）产生影响。再次，至于应用声音和图像策略，女生和男生表现出相似的频率。这也表明，所有学生都重视通过建立声音或者图像联系来学习词汇。最后，对于运用复习策略，问卷数据并没有体现出性别差异。

在分析问卷数据的同时，访谈也提供了一些翔实的、深层次的数据。受访者认为，他们更喜欢通过建立联系来学习词汇，而不是死记硬背。在他们的回答中，对于词汇策略选择的异同，提出了以下原因：首先，所有学生都重视建立练习策略、复习策略所产生的积极的学习效率。其次，女生对于通过语法特征、声音等建立思维联系策略更有兴趣，而男生更喜欢在学习的时候运用词汇。最后，所有学生都表示他们对词汇学习策略的选择主要取决于学习的目的，如考试。

研究问题5：多大程度上死记硬背策略是积极的？

本研究问题是通过访谈获得答案的。在访谈过程中，第一名受访者（英语词汇成绩优秀）说："死记硬背还是有一点点积极作用的，即可以帮助我在短时间内记住单词。考试快到时，我会这样记单词，因为时间不多。但是，我只能记住单词的拼写而不是用法，我有点讨厌这样学习。我无法长时间记住单词，所以除了考试我很少这样背单词。"与第一名受访者相似，第二名受访者（英语词汇中等水平）这样说："我认为这个策略对于考试是有用的。考试前，我会这样背单词。同时，我会注意拼写和用法，这样就可以把考试考好。"与前两者不同，最后一名受访者（英语词汇成绩较低）认为他很少用这种策略学习单词。他说："这个办法不适合我，我通常根据发音记单词。我只能用发音来学习和记住这个单词。"

受访者的回答表明，高等程度和中等程度的学习者对于死记硬背策略持有积极态度，但仅局限于考试目的。而较低程度的学习者完全放弃了对这种策略的使用。这种差异也从另一角度体现出词汇策略的选择与学习者自身的英语水平是相关的。

总之，这种策略仅仅在考试准备中被认为是积极的。除了个人对于该策略的信念，一些外部因素也可能影响学生对该策略的使用。比如，对于死记硬背策略的使用已经扎根于中国的教育体系，甚至被Tang & Biggs描述为"以考试为核心"。

研究问题的解答：

本研究以问卷和访谈的形式调查了深圳某一高中学生词汇学习策略。在众多影响学习策略选择的因素中，本研究对动机、性别差异、信念三个因素进行了讨论。以数据分析为基础，结论如下：

首先，研究中对于高中生使用大量词汇学习策略的假设得到了验证，这一点与Gu & Johnson在1996年所做的研究结果吻合，也与学生对词汇学习积极的信念有关。尤其是他们使用了更多的联系策略，如在已有词汇和目标词汇之间建立声音、拼写联系。除了信念，学生强烈的学习动机也是策略选择多样性的原因之一。

其次，在众多的词汇学习策略中，死记硬背策略被受访者经常使用，如反复地朗读或者书写目标词汇。虽然受访者能意识到这一策略产生的消极影响，如关注拼写而不是用法，但考虑到该策略短期内的有效性，特别是应对考试，他们对该策略还是持有积极的态度和信念。

最后，通过对比性别差异对于词汇学习策略选择的影响，可以看出性别对于策略选择存在部分影响。共同点体现为整个群体都喜欢死记硬背策略和建立声音和思维联系，而显著差异是男生喜欢做词汇练习而女生喜欢制作新词清单。

四、教学启示

第一，英语教师要针对学生，提供更多的词汇学习策略。教师要通过讲解策略之间的差异，为学生的选择提供指导。特别是在新媒体及互联网技术普及的背景下，鼓励学生充分利用网络资源进行词汇的学习。

第二，英语教师可以考虑在教学过程中，增加对于词汇学习策略的设计，针对不同群体的学生，不同的教学内容，有针对性地提出词汇学习策略选择的建议。

第三，建议学生，选择性地使用死记硬背策略来辅助英语学习。

五、后续研究建议

以上述研究结论为基础，后续研究建议从以下几个角度进行：

第一，本研究调查了深圳某所学校高一学生的词汇学习策略，对一些内部因素在研究中进行了讨论。在学生选择词汇学习策略时，外部因素也有很大的影响，后续研究可以予以分类关注。

第二，本研究关注深圳地区部分高一学生，由于地区差异等因素，无法代表其他地区，属于个案研究。后续研究可以扩大范围，进行一次大规模的研究，为英语教学的组织和规划提供更加翔实、科学的依据。

第三，受访群体中，学习目标与学习经历存在较大差异，如参与者开始学习英语的时间存在差异，学习目标可能是出国读书或高考。因此，可以考虑在后续研究中，针对具有相同学习目标的群体进行更有针对性的研究。

参考文献：

［1］GuY，Johnson R. K. Vocabulary Learning Strategies and Language Learning Outcomes ［J］. Language Learning，1996，46（4）：643–679.

［2］GuY. Vocabulary Learning Strategies in the Chinese EFL context ［M］. Singapore：Marshall Cavendish Academic，2005.

［3］Oxford R. L. Language Learning Strategies：what every teacher should know ［M］. New York：Newbury House，1990.

［4］O'Malley J. M，Chamot A. U. Learning Strategies in Second Language Acquisition ［M］. Cambridge：Cambridge University Press，1990.

［5］Wenden A～JRubin. Learner Strategies in Language Learning ［M］. Singapore：Prentice Hall，1987：119–132.

［6］WatkinsD. A，BiggsJ.B. The Chinese Learner： Cultural，Phychological，and Contextual influences ［D］. Hong Kong：University of Hong Kong，1996：159–182.

深圳某学校高一学生英语词汇学习策略调查

高中英语课后作业设计的原则与策略优化

深圳市第二高级中学　王　健

2019年秋季学期开始，北京、上海等省份的普通高中开始了新教材的使用，拉开了新课程实施的序幕。在新一轮课程方案实施过程中，教材内容和学生培养维度的调整，使得高中英语学科的教学实施在很多方面发生了明显的变化。例如，教学目标由掌握语言系统向综合语言运用能力转变，教学性质由工具性向工具性和人文性的统一转变，教学理念由以教师为中心向以学生为中心转变，教学内容由知识点的讲授向技能、知识、策略、情感、文化的综合转变，教学方式由死记硬背向多种教学方式转变。教学目标、性质、理念等方面的改变，体现了国家对人才培养的顶层设计。高中教育在更加关注学生学科素养提升的同时，也对教师在新课程方案下的教学组织提出了新的要求。

新课程的成功实施要求英语教师充分认识新旧课程方案出现调整的原因及应对策略，重新审视以往教学环节的设计原则和实施策略，尤其是课堂教学环节的设计。然而，众多环节中，课后作业的设计往往被忽视。长久以来，这一环节出现了较多影响学生学习和教师教学的问题。例如，教师普遍简单布置一些便于学生完成和教师检查的课后作业，形式往往局限于抄写、背诵等机械活动，缺少课后作业内容与形式的趣味性，从而错失了对教学活动的有效反馈，甚至有可能对学生的学习产生负面影响。

英语学科的课后作业是课堂教学的补充，也是对教堂教学的延伸和拓展，英语教师必须给予高度重视。因此，英语教师有必要结合相关原则和相应策略进行课后作业设计，以配合英语课堂教学的开展及教学目标的生成，从而形成英语有效教学活动与学习活动的闭环。

一、高中英语课后作业设计的原则

1. 可行性

英语课后作业的设计，要考虑教师自身时间安排的可行性和学生完成课后作业时间的可行性。高中生在高一、高二阶段普遍需要学习6～8个考试学科（含高考科目和学考科目），学生可以用来完成英语课后作业的时间可能与教师期待的时长有所差异。根据相关的调查，寄宿制高中学生每天用来学习英语的课后时间不超过30分钟，并且顺序排在理科学科之后。英语教师自身由于课时量和其他教育教学管理工作，自身用于课后作业批改和反馈的时间也可能非常有限。因此，英语教师在设计课后作业时应该充分了解教师本身和学生的时间分配状况，在调查的基础上把握课后作业的量。课后作业布置过少或者过多以及不能及时批改反馈，可能令学生疲于应付或者产生抵触情绪，不但无法实现对教与学的真实反馈，而且可能对后续的学习产生消极的影响。

英语课后作业的设计，要充分考虑学生获得资源的可行性。对于学生而言，特别是寄宿制高中，学生大部分时间都是在学习中度过的。最熟悉、最容易获得的现有资源，可能是其他学科的学习资源和生活中的素材。英语作为一门工具学科，应当充分发挥其载体的作用，教师可以考虑充分利用跨学科的资源和生活素材，如语文、历史、政治等学科，学校日常生活等素材，结合英语学科进行课后作业设计，尽可能增强英语课后作业高效实施的可行性。

2. 探究性

高中阶段的学生已经普遍有了较好的英语基础和人文素养，机械地抄写或者背诵不仅无法调动学生的积极性，难以对学生学习能力、思维品质和文化意识形成有效的提升，而且有可能极大地挫伤学生的学习积极性。教师应根据课堂教学内容和目标，针对已学内容进行整合或者比较，以"滚雪球"的方式对学习内容形成整合，从而形成对文化更深层次的理解，实现英语的深度学习。对于这一类拓展型课后作业，探究性的形式可以激发学生的学习动力，让学生在课后作业这一环节发挥自身的能力，形成学业成就感。例如，在介绍中华民族传统节日春节时，可以针对节日出现的原因、意义、时间等与西方节日进行对比，并在对比过程中找出差异存在的原因，将语言学习上升到文化学习的高度。

3. 多样性

作为一门实践性很强的学科，英语学科的教学要始终坚持交际功能。因此，听说能力的培养和提高应纳入教学实施的每一个环节，尤其是课后作业。

首先，课后作业的内容要坚持多样性的原则。新教材的使用为教师和学生提供了很好的学习资源。然而在教学实施过程中，教师应当引导学生用好教材，但不以教材为学习的唯一资源；要充分利用好专业网站、经典书籍、特色环境等资源，将与学习相关的所有资源纳入课后作业选择的范围，丰富学生的学习内容。

其次，课后作业的形式要坚持多样性。由于受到应试教育制度、试卷结构、自身学习经历等因素的影响，高中生可能更多地专注于英语读写方面的学习，更多地专注于抄写、做题等书面作业，很多时候忽略了听说方面的同步训练，进而形成片面的、短视的英语学习观念。英语学习和教学中的这一问题已经引起了教育主管部门的高度重视。在新课程设计过程中，为进一步健全学生的学习过程，体现语言的交际价值，引导学生养成科学的学习观念，与新课程相配套的新高考将听说考试的分数由以往的15分增加到20分（广东）。考试分数的调整，为英语教学提供了很好的导向作用，也要求英语教师在日常教学环节中对培养学生听说能力加以重视。因此，口头作业的布置（如朗读、对话、戏剧表演、角色扮演等）应该成为书面课后作业之外的补充，和书面作业共同成为英语课后作业的主要形式。

4. 导向性

英语教师对于课后作业的设计和布置应该充分体现对课堂教学重点的回顾与拓展。学生对于课后作业内容的反馈也应当成为教师参考和衡量教学效率的重要依据。因此，英语教师对于课后作业内容的筛选、课后作业形式的筛选应该非常慎重，一定要体现对于学生过往学习的反馈和对将来学习的指导。如果出现错位，可能误导学生对学习结果做出错误评价，可能在很大程度上影响下一阶段的教与学。

5. 有效性

英语教师在进行课后作业设计时要充分考虑课后作业的内容和形式对于课堂教学的有效性。课后作业的内容和形式应坚持精练、可行的原则。课后作业内容的选择要具有典型意义，能够发挥诊断功能，为学生的下一步学习打好基础。课后作业形式的选择要考虑学生的学习习惯，做到真实反馈，如针对某些知识点，减少选择题，尽可能使用填空题的形式。

英语教师在进行课后作业设计时要充分考虑课后作业内容和形式对于学生个体的有效性。由于学生个体存在差异，统一的英语课后作业很难体现针对性和有效性，因此课后作业的弹性化和层次化可能是今后的发展趋势。在增加课后作业对学生个体有效性的问题上，精准诊断学生问题是前提和基础。参照的指标和内容一定是知识清单，而不是某次或者多次考试的分数。教师要以知识点为参照，面向有需要的学生布置课后作业，做到精准布置和有效教学。

英语教师在进行课后作业设计时要充分考虑学生课后作业评价的有效性。《基础教育课程改革纲要》明确指出："对学生学习的评价，既要关注学生知识与技能的理解和掌握，更要关注他们情感与态度的形成和发展；既要关注学生学习的结果，更要关注他们在学习过程中的变化和发展。"课后作业作为学生学习的重要环节，教师在进行评价时应坚持过程性评价和终结性评价并重，并且要有非常清晰和明确的评价标准。教师和学生既要看到学生的课后作业结果，也要关注学生出现问题背后的原因。

二、高中英语课后作业设计的相关策略

1. 分层作业，聚焦学生个体差异

以学生对知识点的掌握为依据，将优等生、学困生的作业进行分层布置，在数量和难度上有所区别。并且针对学生差异，在布置作业前，教师应做好学生的心理疏导工作，让学生充分认识到个体差异，认识到学习路径和方式的不同。英语学科的课后作业既要让学困生看到提升的空间和方向，也要让优等生体验到学习带来的成就感，更重要的是让教师看到不同层次学生的成长差异和成长空间，并基于这些差异进行更有针对性的指导和教学。

2. 探究作业，激发学生学习兴趣

英语课后作业的设计要体现面对全体学生学习基础的常规作业形式，如书面作业，也要有能够促进学生学习能力、生活能力提升的探究作业。

探究的内容可以有一定的地域性，可以充分反映地方文化特色，让学生在探究过程中学会用英语讲好中国故事。例如，围绕教材话题，能够以教材作为基本材料进行学习，并且结合学生的学习生活，对教材话题进行拓展。例如，在广东地区，在涉及饮食文化的单元，教师可以组织学生探究客家饮食文化的前世今生和发展原因。

探究的形式要丰富一些，既可以纳入正常的学校学习，也可以布置成假期的学习任务。将课堂从校内扩展到校外，将讲授式的课堂学习扩展为体验式的学习探究，可以在学习过程中充分激发学生的兴趣、挖掘学生的潜力。

3. 有声作业，展现学生个性活力

在利用课堂教学给予学生足够语言输入的同时，应该关注语言学习的输出环节，利用有声作业进行学生学习过程和成果的展示。例如，针对英语学科特点，教师可结合录音软件、录像、网络资源、常用App等资源，给学生提供时间和空间来体验语言学习的成就感，培养学生正确的语言学习观念和态度。

课后作业内容以教材话题为切入点，通过多种途径，如配音、朗读等活动，展现学生的个性与活力，发挥学生的特长，培养学生的学习兴趣。例如，教师可以引导学生选择最喜欢的纪录片进行推介，通过配音、转述等形式，展示学生的兴趣、爱好，从而促进学生群体对国家传统文化的认识和了解。

4. 自主作业，培养学生成长动力

英语学科课后作业的布置，很大程度上是从学生的学习需求出发的，满足学生的课堂学习需要。不同时期和不同阶段，教师需要考虑多种因素进行作业的设计、实施和评价，如学生的学习动机、学习目标、教学内容等。在高中阶段，当学生已经可以自主学习时，教师可以考虑将时间还给学生，放手让学生自主学习，帮助学生寻找学习资料、确定学习内容和学习方法，充分发挥"导师"的作用。

参考文献：

[1] 王蔷. 从综合语言运用能力到英语学科核心素养 [J]. 英语教师，2015（16）.

[2] 李银芳. 浅谈新课程理念下高中英语作业改革 [J]. 课程，教材，教法，2007（10）.

[3] 倪佩琴. 英语教学的作业设计 [J]. 中小学英语教学与研究，2001（2）.

高中英语课后作业设计的原则与策略优化

教学真思考，解决真问题

——2021年深圳市高三第一次调研考试语文命题特点评析

深圳市第二高级中学　李剑林

学科核心素养的培养与考查已经是一件深入人心的事情。然而，将课程标准和《中国高考评价体系》的原则落实到日常的教学和考试当中，需要一个漫长的实践探索过程。在这个探索过程中，会有前进与发展，也会有误解和反复。不过，可以相信的是，方向是确定不移的，道路是越走越顺的，问题是越辩越清的。

2019年全国高考Ⅰ卷作文题目"热爱劳动，从我做起"，随之课程标准进行修订，加入了"劳动教育"，再一次明确了教育改革的以考促教的思路。考试走在课标之前，走在教材之前，更走了在教学之前。这就要求我们重新定位对考试的认识。在众多的考试中，如何命制高水平题目，以至于命制出可以用来指导教学的题目，这是高考模拟命题，甚者是学校日常考试命题都需要考虑的问题。2021年深圳市高三第一次调研考试语文学科的模拟题（以下称"深一模"）可以当作范例供我们学习借鉴。

一、让逻辑亮起来

近些年来，逻辑思维的培养和考查是语文学科教学讨论的热点之一。逻辑思维的重要性不言而喻，但是逻辑学本身的枯燥性也有目共睹。在大学中，选修逻辑学的学生少得可怜。许多大学选修逻辑学的本科生都是博士研究生的待遇。大班上课也是一位教授面对几位学生而已。让高中生学习逻辑学，这是一个巨大的难题。但是，高中阶段又是一个人逻辑思维发展最为关键的时期，于是迎难而上成为高中逻辑思维教育和考查的必然之举。

语文逻辑思维的考查已经遍布整张试卷。简单者如选择题选项的设计，包括因果关系、假设关系、条件的充分性与必要性等；复杂者如语言运用题，包括语言连贯、作文等。面对艰涩的逻辑关系考查，2021年深一模命题进行了新的探索。

第一，材料组合体现鲜明的逻辑关系。以往，对学生逻辑思维能力的考查多是通过命题进行。题目中设置重重障碍，让学学生根据上下文填空，或者让学生为语句重新排序。无论题目如何，考查效果都是不理想的。因为，逻辑无论是老师，还是学生，在逻辑知识贫乏的情况下都不会出现良好的训练效果。而2021年深一模的语文试题另辟蹊径在阅读材料的组合上花了心思。

现代文阅读Ⅰ由三则连续性的材料组成。第一则材料谈"理论上，讲好一个故事需要考虑三种主体：讲述主体（谁在讲述）、故事主体（谁被讲述）、接受主体（谁在观看）"。文本出自李成的《抓住三个主体，讲好中国故事》，从一般理论上如何讲好故事，到如何运用"三主体理论"讲好中国故事，论述了讲好中国故事的不利因素和有利因素。第二则材料谈为什么我们今天还没有讲好中国故事。文本出自李子祥的《新形势下讲好中国故事的路径探索》，重点分析了我们没有讲好中国故事的国内和国际原因。材料一和材料二论述的内容有相似之处，但是从不同角度展开的。两者具有相互补充的作用，是相辅相成的关系。材料三通过李子柒的案例分析如何讲好中国故事。文本出自李习文的《李子柒走红海外的国际传播逻辑》。三则材料从学生陌生的文学理论的架构，到学生熟悉的内外因的架构，再到现实例子分析，从理论到实际，材料组合的逻辑关系非常清晰。这样的材料组合非常有利于学生接受。

教学真思考，解决真问题

现代文阅读 I 作为论述类文本，没有单纯地考查学生的逻辑思维能力，而是通过例子给学生展示了一个逻辑思维过程。这种展示在命题和教学中具有突破性的意义。这个例子给学生展示了逻辑关系的简易性，会让学生有眼前一亮的感觉。它对于打破逻辑艰涩难懂的固有印象大有裨益。试卷用20%的页面展示文本，值得肯定和赞扬。

第二，关系性题目反复考查逻辑关系。逻辑关系是必考内容，也是难考的内容。说它难，一是对于考生来说难以得分，二是对于命题来说难以达到理想的区分度。本张试卷从现代文开始到作文为止反复考查高阶逻辑关系。比如：

讲好一个故事需要考虑三种主体，请据此分析材料三中李子柒案例值得借鉴之处。

"三种主体"就是文本中提到的讲述主体（谁在讲述）、故事主体（谁被讲述）、接受主体（谁在观看）。运用理论解决问题，这是最近几年高考的热点。无论是选择题还是主观题都有所考查。不过，高考中的考查基本上停留在对一个对象的分析之上。例如，2020年高考全国 I 卷小说题目考查运用"冰山理论"分析小说的情节。选择题虽然涉及多个选项，但是每个选项需要解决的问题也是独立的。而2021年深一模第5题的考查在逻辑关系上提升了一个很大的台阶。对"李子柒"这个主体进行一分为三的分析，并且每一方向又是既定的。这是一个很大胆的尝试。因为，学生习惯了简单问题的分析。比如，"诗歌表现了诗人怎样复杂的感情"，虽然问题使用了"复杂"一词，但是答案却是简单列举即可。

从学生的答案来看，本题的难点不在于找出李子柒"值得借鉴之处"，而在于每一处值得借鉴的内容属于"三种主体"的哪一种。把"故事主题"内容当作"讲述主体"来回答问题的比例尤其大。试卷接下来承接了这一命题思路。小说第9题：

小说中的矛盾冲突通常涉及人与人、人与环境以及人物内心三个方面。请以这篇小说中房间内的男孩为例，对此做简要分析。

诗歌鉴赏第16题：

古代文人有寄情于物的传统。诗中对白鹇的描写寄寓着诗人怎样的志趣？请简要分析。

这些题目都是要求学生在对应的逻辑中思考问题。学生的回答出现纰漏在所难免，但是对于"教"与"学"的意义是重大的。考场中已经表现出了这种命题的积极影响。

在讲好中国故事方面，我国还存在哪些不足？请结合材料一和材料二简要概括。

这是一个常规的概括总结类题目，但是有学生给出了以下答案：

①从故事主体看，国内的普通人、琐事群体的存在感过于弱化。②从接受主体看，我们讲述的受众囿于"有影响力的人"，围着西方的议题打转。③从讲述主体看，我国非官方主体尚未发挥重要作用。……

答案采取了"三种主体"作为分点标准，这种活学活用的表现再次提醒我们，不要低估学生的学习能力。

二、让幸福长起来

"幸福"可以说是2021年深一模语文试卷的第一个主题词。这张语文试卷的幸福之事不仅体现在写作题目上，而且融入了命题的方方面面。

写作主题"品孔颜之乐，做幸福青年"高扬快乐和幸福的大旗，这给单一紧迫的高三生活增添了一抹亮色。作文题目如下：

阅读下面的材料，根据要求写作。

孔子曾自述心志："饭疏食饮水，曲肱而枕之，乐亦在其中矣。不义而富且贵，于我如浮云。"他又称赞颜回："一箪食，一瓢饮，在陋巷，人不堪其忧，回也不改其乐。贤哉，回也！"孔子与颜回乐在何处，所乐何事，周敦颐也曾要求程颐、程颢好好参悟。

作为儒家思想重要内容的"孔颜之乐"千百年来一直启迪与引导着无数人积极探索人生真谛，努力实现人生价值。它对生活在新时代、担当新使命

教学真思考，解决真问题

的青年人仍然有着重要意义。

语文教师计划在课堂上举行"品孔颜之乐，做幸福青年"主题交流会。请结合上述材料，写一篇发言稿，谈谈你的感受和思考。

要求：选好角度，确定立意，自拟标题；不要套作，不得抄袭；不得泄露个人信息；不少于800字。

幸福本是人生永恒的主题，但是被学业追着奔跑的学生很难有时间静下心来思考"幸福在何处""因何而幸福"之类的问题。深圳的家长多数也在为所谓的"财务自由而奔波"，亲子之间更难有"幸福的时光"探讨"幸福的问题"。改革开放40多年，深圳特区也度过了40岁的生日，在今天这个物质生活已经相对丰富的时代探讨关于幸福的问题，时间恰恰好。

今天，深圳的学生基本上已经不晓得贫困为何物。虽然，近期媒体正在对扶贫攻坚取得的成果进行报道，但是，那些故事与课堂中的学生显得非常遥远。相对于其他题目，写作是一个更好的督促学生思考问题，进行自我教育的一个考题。自己生活的富足和他人物质的匮乏进行对比，自己对生活的感知和"孔颜之乐"进行对比，这既有利于学生更好地思考人生，也有利于学生深入地分析问题。

作文题选用了经典的"孔颜之乐"作为思考幸福的切入点，经典而丰富。说它经典，是因为"孔颜之乐"是儒家思想的重要内容。在为实现民族伟大复兴而奋斗的今天，在重新审视传统文化的当下，引导学生品评"孔颜之乐"对于深入理解儒家文化是一个很好的突破口。说它丰富，是因为材料中给出了多向的品评内容。第一是简单生活的快乐，第二是精神追求的快乐，第三是追求道义的快乐，第四是追求符合道义精神的快乐。这四层内容不需要学生面面俱到，在写作中也没有深刻和肤浅之别，它们都是符合题意的正当的"品读"。

"'孔颜之乐'，千百年来，一直启迪与引导着无数人积极探索人生真谛，努力实现人生价值。"这一内容引导学生从对"孔颜之乐"的品读转向对现实人生的思考，转向对青年学生如何实现人生幸福的思考。"启迪与引导"标志着"品孔颜之乐"和"做幸福青年"之间的逻辑关系。在这一逻辑关系的指引下，不"品孔颜之乐""做幸福青年"就是无本之木，无源之水；没有"品孔颜之乐""做幸福青年"就没有落到实处，没有品读的意义。

在考试中，写作出现的最大问题是学生忘记写"做幸福青年"这一内容。这有应试技巧的问题，也有人生缺憾的问题。以至于教师不得不感慨，时代青年忘记了什么是幸福！在这个题目的写作中，还有一个重要的问题被学生忽略，那就是"乐"和"幸福"两个概念之间的关系。在写作中，这两个概念可以有三种关系：第一是二者对立，即"乐"和"幸福"是两个不同的概念，"乐"承担生活中的小快乐，"幸福"承担人生中的大福音。第二是二者交叉，也就是二者存在交集。一部分"乐"即"幸福"，一部分"幸福"就是"乐"。第三是包含，可以是"乐"包含"幸福"，也可以是"幸福"包含"乐"。其实，对二者逻辑关系的分析是完成"品孔颜之乐，做幸福青年"这一主题写作的起点，而学生恰恰欠缺对这种逻辑起点关注的意识。

另外，这个题目还埋下了一颗让学生通过批判性思维走向幸福的种子，那就是"颜回之乐"。"一箪食，一瓢饮，在陋巷"，这显然是一个与时代发展不相符的生活描绘。颜回的生活显然处于贫困线之下，而时代是要走向共同富裕的。所以，时代青年不需要在物质生活上向颜回看齐。当然，在这之前，学生需要明白颜回之乐与李子柒一样具有缓解当代人焦虑的功能。它让当代人在精神上获得慰藉。

其实，现代文阅读Ⅰ中，李子柒的事例就是典型的当代青年的幸福。她在讲好中国故事方面具有典范的意义。她所生活的山林也不同于陶渊明的归隐以及颜回的"陋巷"。如果说李子柒代表着青年的幸福，那么小说《被施了魔的花园》就在探讨儿童的幸福，诗歌《赠黄山胡公求白鹇》就在探讨中年人的幸福。儿童的无拘无束，中年人的悠然自得，这些都是时代的稀缺品。因为稀缺，所以珍贵，因此可以成为幸福的重要砝码。

鲁迅先生曾经说，未有天才之前，要先有培育天才的土壤。其实，幸福也是如此。社会需要首先培育供幸福生长的土壤。

三、让人格贵起来

考试可以对教与学进行测量，考试可以为国家选拔人才，考试还可以对学生进行教育。考试的目的不是通过题目让学生产生挫败感，而是让学生通过阅读和书写进行自我教育。在考试中，学生可以对自己的知识和能力进行梳理和确认。当然，一张试卷对学生的教育意义和价值还需要教师进行挖掘。

就写作题来说，学生展现出来的有两个方面值得赞扬：一是三观端正，二是坚韧不拔。

学生写作表现出来的主要特点是人格高尚、理想远大、志趣高雅。仅就内容来讲，这些都反映了教育在学生人格塑造上取得的成果。学生以饱满的热情讴歌高尚的人物。比如：

感动中国人物张雪梅就是这样一个人物，身患多种重病，仍坚持在山区育人，创建女子学校，将一个个女孩送进大学，自己也不求回报，十年如一，不辞辛劳。她是我们学习的榜样，是我们要尊敬的对象。她以学校为家，以育人为乐，不正是孔颜之乐的生动体现吗？（《筚路蓝缕，玉汝于成》）

学生使用感动中国人物、道德模范人物以及在各个领域为国家建功立业的人物作为写作的主要论据，表现了时代青年积极进步的世界观、人生观和价值观。除了赞美时代和历史的英雄人物，学生也高唱时代的赞歌，表达自己投身伟大民族复兴宏业的愿望。

我们每一个新时代青年都应传承孔颜之乐的精神，担负起时代使命，实现人生价值成就幸福人生，这样才能助力社会发展，实现中华民族的伟大复兴。（《承孔颜之乐，达人生价值》）

面对学生的作文，积极、向上、奋进的气息扑面而来。这些都是教育给予学生的认知水平和话语系统。从培养学生的归属感、认同感、自豪感的角度来讲，这是育人成果的展现。

坚强的性格是学生作文又一个突出的表现。《艰苦奋斗而求索》《筚路蓝缕，玉汝于成》《走奋斗之路，赢幸福人生》等展现拼搏、奋斗、坚持、坚守之类的内容比比皆是。文章《走奋斗之路，赢幸福人生》写道，"奋斗造就长远见识""奋斗更为幸福提供了途径""奋斗为幸福提供保障"。

深一模的语文试卷整体上洋溢着高贵品格的气息。现代文阅读 I 对"讲好中国故事"的思考两点不是全面、深入，而是直面现实、寻求策略。

在讲好中国故事方面，我国还存在哪些不足？请结合材料一和材料二简要概括。

【参考答案】①不够自信，太在乎西方，存在缺乏省思的战略失误；②国家层面的顶层设计不够完善；③缺乏高超的传播技巧和手段；④国际传播能力相对有限。

讲好一个故事需要考虑三种主体，请据此分析材料三中李子柒案例值得借鉴之处。

【参考答案】①从讲述主体来看，李子柒以民间身份讲故事，作为一个真实的人，很有亲和力；②从故事主体来看，李子柒的故事表现了平凡人富有诗意的生活，内容新颖而具辨识度；③从接受主体来看，李子柒的故事有助于现代社会中的人们缓解焦虑，受众基础广泛。

在讲好中国故事方面，国家主体的不足和个人主体的成功，两相对比，这已经不是简单归纳总结能力的考查，而是面对现实问题进行真实思考并提出解决方案能力的考查。创新型人才的培养不在于提出什么样的口号，而在于通过什么路径培养学生解决问题的实际能力。

现代文阅读 II《被施了魔的花园》详细描绘了住别墅男孩与内心的矛盾、与环境的矛盾、与小说其他任务的矛盾。这在物质生活比较富足的深圳具有典型意义。作文材料以"孔颜之乐"回应小说主题，二者相比更加凸显了人对精神追求的重要意义和价值。

儒家说：君子喻于义，小人喻于利。我们不能把"义"和"利"这两个概念简单地对立起来。即使是在《论语》中，它表达的意思也不应该仅仅是君子懂得的是道义，小人懂得的是利益。孔子就明确地说："不义而富且贵，于我如浮云。"这也就是说，符合道义的富贵君子也是有追求的。于是，我们就有了这样的结论：君子的追求与贵贱贫富无关，只与道义有关。以此为认识基础，我们再来分析李子柒成功讲述中国故事的案例、李白重金购买白鹇的故事，就会有新的认识。

语言文字运用Ⅰ的选材是中国山水画，从材料中我们可以提取出来"理想人格"这个概念。中国传统文化中的理想人格首先寄托于精神追求，不过，它也不拒绝物质富足。杜甫的诗句"丹青不知老将至，富贵于我如浮云"启示我们，当今时代每个人都可以在一个自己喜欢的领域浸淫人格。一个能够为国家和民族做出伟大贡献的人，具有高贵的人格；一个在自己喜欢的领域默默无闻奉公守法的人，也具有高贵的人格。

"侯师圣学于程颐，未悟。访敦颐，留对榻夜谈，越三日乃还。颐惊异之，曰：'非从周茂叔来耶？'其善开发人类此。"周敦颐是一位善于"开发"学生的老师，是每一位教师学习和借鉴的榜样。我们不仅需要"开发"学生，还需要"开发"教育教学资源。"'孔颜之乐'，千百年来，一直启迪与引导着无数人积极探索人生真谛，努力实现人生价值。"新时代的教师也应该"积极探索教师职业的真谛，努力实现教师职业生涯的价值"。

"幸福"其实很简单

——2021年深一模考试写作的喜与忧

2021年深圳高三一模考试，语文学科的作文是以"品孔颜之乐，做幸福青年"为主题的情境写作。题目阅读材料如下：

孔子曾自述心志："饭疏食饮水，曲肱而枕之，乐亦在其中矣。不义而富且贵，于我如浮云。"他又称赞颜回："一箪食，一瓢饮，在陋巷，人不堪其忧，回也不改其乐。贤哉，回也！"孔子与颜回乐在何处，所乐何事，周敦颐也曾要求程颐、程颢好好参悟。

作为儒家思想重要内容的"孔颜之乐"千百年来一直启迪与引导着无数人积极探索人生真谛，努力实现人生价值。它对生活在新时代、担当新使命的青年人，仍然有着重要意义。

学生在写作中表现出了让人喜忧参半的情况。学生让人欣喜的地方有两点。

一喜学生三观端正

学生写作表现出来的主要特点是人格高尚、理想远大、志趣高雅。仅就内容来讲，这些都反映了教育在学生塑造上取得的成果。学生以饱满的热情讴歌高尚的人物。比如：

感动中国人物张雪梅就是这样一个人物，身患多种重病，仍坚持在山区育人，创建女子学校，将一个个女孩送进大学，自己也不求回报，十年如一，不辞辛劳。她是我们学习的榜样，是我们要尊敬的对象。她以学校为家，以育人为乐，不正是孔颜之乐的生动体现吗？（《筚路蓝缕，玉汝于成》）

学生使用感动中国人物、道德模范人物以及在各个领域为国家建功立业的人物作为写作的主要论据，表现了时代青年积极进步的世界观、人生观和价值观。除了赞美时代和历史的英雄人物，学生也高唱时代的赞歌，表达自己投身伟大民族复兴宏业的愿望。

我们每一个新时代青年都应传承孔颜之乐的精神，担负起时代使命，实现人生价值成就幸福人生，这样才能助力社会发展，实现中华民族的伟大复兴。（《承孔颜之乐，达人生价值》）

虽然我们做不到孔子与颜回那般，但我们可在我们的生活与社会中实现人生价值，做一名有担当的时代青年，为中国未来的强大做出自己的一份贡献！（《实现人生价值，担当时代青年》）

面对学生的作文，积极、向上、奋进的气息扑面而来。这些都是教育给予学生的认知水平和话语系统。从培养学生的归属感、认同感、自豪感的角度来讲，这是育人成果的展现。

二 喜学生坚韧不拔

坚强的性格是学生作文一个突出的表现。《艰苦奋斗而求索》《筚路蓝缕，玉汝于成》《走奋斗之路，赢幸福人生》等展现拼搏、奋斗、坚持、坚守之类的内容比比皆是。文章《走奋斗之路，赢幸福人生》写道，"奋斗造就长远见识""奋斗更为幸福提供了途径""奋斗为幸福提供保障"。

就像学生，奋斗12年，考上了大学。在奋斗的过程中，他们见证了自己一点一滴的成长，难道不是幸福吗？然而，有了道路，却不奋斗，也不能实现幸福。在选科时，我毅然选择了历史。我知道这条路会走得很难，可是，在我的规划中，它就是通往幸福的道路，是实现人生价值的过程。因此，幸福在于奋斗的过程。（《走奋斗之路，赢幸福人生》）

有些人认为，当代学生十分脆弱。社会越发达，人就越脆弱。这好像是一个不争的定律。但是，时代的发展和人的成长都是复杂的、繁复的，不能用一两个统计指标进行衡量。现在深圳的高中生是在物质条件比较优越的条件下长大的，许多人想当然地认为他们是温室里的花朵，没有抗压能力。实则不然。学生虽然没有经历过贫困的折磨，但是间接经验也给予了他们丰富的人生体验。从个体的故事，到国家民族的历史，他们都有自己独特的认识。

中国核动力之父背井离乡，隐姓埋名，终使中国成为第五个拥有核潜艇的国家；青蒿素在经历191次的尝试后才找到其可提取有效部位；世界种子库是经历全世界环游才制成的现在生物基础。这些例子都表明通往成功的道路很艰难，只有肯吃苦的人才能到达终点。（《孔颜之乐，乐于所好》）

也正是因为这么一批人，一批为志献身的人，中国才得以在战火和血泪中浴火重生。他们中有"苟利国家生死以，岂因祸福避趋之"的林则徐，有舍身为中国革命流血的戊戌六君子，有千千万万为中国救亡图存而奋斗的青年人。无论身处何种境况，支撑他们的是共同的信念：救中国。（《品孔颜之乐，做时代幸福青年》）

学生坚强的性格、坚韧的品质突出地表现在他们的生活中。学校密集的课程和周末繁多的辅导填充了他们所有的时间，尽管如此，我们还能看到不少高三学生学习至凌晨两三点钟。这种刻苦的精神值得肯定，但是这之中也隐藏着些许危机。

一忧定式思维难除

面对一类问题，每一个人都会出现定式思维。这是思维本身的缺陷。但是，在教育中定式思维在无形中得到了强化，这就让学生面对新问题很难有新思考。比如，面对艰难困苦，一定要拼搏、奋斗，坚持到最后就是胜利。可以说，教育为学生植入了"奋斗无往而不胜"的理念。以至于今天还有高三的教室张贴着"不可不累，高三无味；不拼不搏，高三白活"的标语。奋斗、坚持，这些都是良好的品质，是人生重要的素养。但是，奋斗和坚持是有前提，有语境的，并不是所有的语境下都需要强调奋斗和坚持。而2021年的一模作文题就是如此，它首先强调的是"乐"。乐和奋斗之间的关系是什么？这个问题多数学生都没有关注。当然，题目也没有引导学生思考这二者之间的关系。

学生在写作中展现出了奋斗的前提：一是不满于现状，二是实现理想。只是学生没有把"为了理想而奋斗"和"为了改变现状而奋斗"这些内容与作文题目对接，没有运用作文题目来验证这些内容是否符合题意。"饭疏食饮水，曲肱而枕之，乐亦在其中矣。"这是坦然接受粗茶淡饭的快乐，并没有对现状的不满。"一箪食，一瓢饮，在陋巷，人不堪其忧，回也不改其乐。"这是安于困窘的快乐，并没有要改变现状的努力。所以，在"品孔颜之乐"的过程中，关于"奋斗"之类的写作都是与题目不相符的。

老师经常教导学生"具体问题具体分析"。但是"具体问题具体分析"是一个哲学原则，并不是学习的具体方法。要破除定式思维，需要教师开发学习中具体问题具体分析的方法。这个任务任重而道远。

二忧逻辑思维不显

逻辑思维仍然是学生思维中重要的薄弱环节。长期简单重复的"刷题"训练已经破坏了学生自己构建逻辑链条的能力。在2021年深一模的写作中，逻辑思维方面表现出两个突出的不足：第一，思维延伸能力弱。许多学生写到"探索人生真谛""实现人生价值""担当新使命"之类的内容就结束了文章，没有把这些内容和"做幸福青年"联系起来。造成这种结果的原因无非有两个：一是学生写到文章结尾处忘了写"做幸福青年"的内容；二是学生认为这些内容就是在表达"做幸福青年"。前者是考试技巧的问题，后者是思维能力的问题。

逻辑思维方面第二个突出的问题是思维关联意识弱。学生在对"品孔颜之乐"和"做幸福青年"两者进行独立分析时都能做得很好。对"孔颜之乐"学生或者解读为"简单生活的快乐"或者解读为"精神追求的快乐"。对于"做幸福青年"的问题，学生基本上能够能表达出通过"探索人生真谛""实现人生价值""担当新使命"获得幸福的意思。但是把两者组合到一起后，如何理顺前后之间的逻辑关系，学生就显得捉襟见肘了。

其实，作文材料中用"启迪"和"引导"两个词语提醒学生，可以以此来建立两者之间的逻辑关系。一般而言，可以是孔颜安于物质贫乏之乐，这"启迪与引导"我们坦然面对不如意的现状。能够坦然面对不如意的现状，就是人生的幸福。或者是孔颜安于物质贫乏之乐，是因为他们有自己的精神追求，这"启迪与引导"我们不要执拗于不如意的现状，而要有自己的精神追求。有了精神追求才有幸福。抑或是孔颜安于物质贫乏之乐，是因为他们有对"道义的追求"，这"启迪与引导"我们无论现状如何，都要有对"道义的追求"。有了对道义的追求，才是幸福。

再进一步就是我们常说的批判性思维。比如，孔颜安于物质贫乏之乐，这"启迪与引导"我们坦然面对贫乏的现状。但是我们不能安于贫乏的现状，时代青年还要追求物质的富足。既有精神追求，又有物质追求，这才是时代青年应该追求的幸福。

2021年深一模的考场作文，丢掉"幸福"的作文比例不小。"幸福"一词出现与否会有3分左右的差距，因为它关系到写作的完整性。这也是笔者认为"幸福"其实很简单的原因。如果追求更多的幸福，那就要训练更好的逻辑思维能力，展现更高的写作水平。

《生活中两种常见的有机物——乙醇》说课的教学设计

深圳第二高级中学　王艳丹

一、教材处理

1. 教材特点

从生活入手、联系实际、知识浅显、必修要求低、承上启下。

2. 调整教学资源

（1）增加乙醇结构模型的拼装。

（2）增改化学实验。

3. 教学重难点

（1）重点：乙醇的化学性质。

（2）难点：乙醇的催化氧化。

突破策略：①通过拼装模型和定量实验探究认识乙醇的结构和官能团（羟基）；②通过分组实验探究来认识和掌握乙醇的化学性质。

二、教学目标

1. 知识与技能目标

通过实验认识乙醇与钠、乙醇与氧气的反应。

2. 过程与方法目标

运用实证的方法培养学生的观察能力、实验和分析问题的能力。

3. 情感态度与价值观

在实验探究过程中，培养实事求是、理论联系实际的品质；通过新旧知识的联系，培养知识迁移、扩展的能力，进一步激发学习的兴趣和求知欲望。

三、教学方法

本节课突出了学生自主学习、小组合作探究学习、比较迁移学习等多种学习方法。

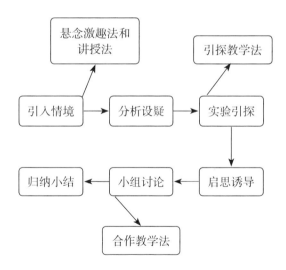

《生活中两种常见的有机物——乙醇》说课的教学设计

四、教学流程及教学设计

1. 教学流程图

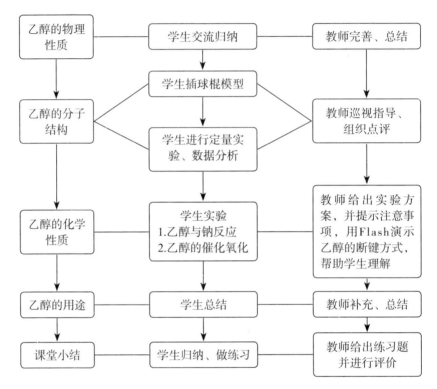

2. 教学过程

教学环节	教师活动	学生活动	设计意图
导入新课	【思考并回答】 _____，欲饮琵琶马上催。 适量饮酒对身体有什么好处？那么过量饮酒后驾车会怎么样呢？ 【视频】 观看酒后驾车被查视频。 【思考】 1.酒后驾车为什么容易发生交通事故？ 2.交警判断驾驶员酒后驾车的原理是什么？	开头展示酒后驾车被查的视频，让学生带着这样两个问题学习	创设问题情境，激发学生学习兴趣，引出课题

教学环节	教师活动	学生活动	设计意图
一、乙醇的物理性质	【实物展示】 观察一瓶酒精，阅读课本内容，归纳和总结乙醇的物理性质。结合生活实际并结合开头的故事归纳整理物理性质。 颜色： 气味： 状态： 挥发性： 溶解性： 根据相似相溶的原理，用酒精溶解手上的"圆珠笔"字迹，来展示乙醇可以溶解某些有机物。 	学生归纳、总结、回答	让学生根据已有的生活常识和学科知识对乙醇的物理性质有一个系统的认识
二、乙醇的分子结构	乙醇分子结构的探究： 问题探究1.乙醇的分子组成和结构。 ①数据探究：4.6g乙醇完全燃烧后生成0.2mol CO_2和5.4g水，且乙醇蒸气的密度是相同状况下氢气密度的23倍，则乙醇的分子式是_____。 ②结构探究：根据"碳四、氢一、氧二"的有机价键规则，乙醇结构式可能分别为_____、_____。 请问你能想出几种拼接方式？ 【动手操作】（2人一组） 每人插出1个乙烷（C_2H_6）分子的球棍模型。	学生拼接。 学生交流C_2H_6O可能的结构有两种。	培养学生的迁移能力和动手操作能力。

教学环节	教师活动	学生活动	设计意图
二、乙醇的分子结构	【观察球棍模型思考与交流】 图一　　图二 1.分子式：C_2H_6O。 2.结构式： 思考：如何证明乙醇的分子结构究竟是前者还是后者？ 【定量实验探究乙醇的结构式】 定量实验：实验测定，4.6g（0.1mol）无水酒精可与足量金属钠反应，收集到标况下1.12L（0.05mol）氢气： $nC_2H_6O : nH_2=$ 实验结论：由此证明乙醇的结构式应为_____。 教师讲解：而B则为甲醚的分子结构，甲醚不能与钠反应。 【投影】 展示乙醇的球棍模型和比例模型。 【结论】 乙醇分子的球棍模型为图一 分子的结构式为 $$\begin{array}{ccccc} & H & & H & \\ & | & & | & \\ H- & C & - & C & -C-H \\ & | & & | & \\ & H & & H & \end{array}$$ 3.结构简式：CH_3CH_2OH或C_2H_5OH。	学生计算并回答。 学生进行数据分析。 A式（思路从等效氢分析）	培养学生分析数据的能力，以及对性质反映结构的认识

教学环节	教师活动	学生活动	设计意图
二、乙醇的分子结构	4.官能团：羟基。 官能团：羟基（—OH）决定了乙醇的化学性质。有机化合物的化学特性的原子或原子团叫作官能团。 【展示官能团的图表】 烃的衍生物：像乙醇一样，烃分子中的氢原子被其他原子或原子团所取代而生成的一系列化合物。 【从结构上解释物理性质】 从结构上分析乙醇能溶解无机物和有机物的原因：羟基是亲水基，可溶解无机物，乙基是憎水基，可溶解有机物 【过渡】 乙醇的机构可以决定乙醇的物理性质，那么乙醇的结构对其化学性质是否有决定性作用呢？		官能团决定有机物的化学性质，所以官能团很重要。 培养学生对概念的理解能力和对知识的迁移能力
三、乙醇的化学性质	1.乙醇与金属钠反应 【学生实验】 实验步骤： 探究乙醇的化学性质（一）： 在盛有少量无水乙醇的试管中，加入一绿豆粒大小的擦干煤油的金属钠，观察实验现象，完成相应表格，并且回忆钠与水反应的实验现象。（注意：开始时金属钠在乙醇中的位置。） 观察现象，填写学案。 注意： 小组内成员的分工与合作。 实验操作等规范性、安全性。 【视频】 播放水与钠、乙醇与钠反应的对比视频。	学生实验。 记录实验现象。 小组交流讨论，由学生分析（学生会从电离角度分析弱电解质水会电离出氢离子，乙醇的氢难电离），教师从结构上补充。	培养学生的动手能力，观察能力、操作能力。 培养学生小组学习意识。

《生活中两种常见的有机物——乙醇》说课的教学设计

教学环节	教师活动	学生活动	设计意图
三、乙醇的化学性质	【思考与交流】 比较水分子中氢原子与乙醇分子里羟基氢原子的活泼性。 【动画演示】 （1）完成乙醇与钠反应的方程式并动画演示乙醇的断键位置。 【教师板书】 完成方程式。 （2）反应类型：置换反应。 【展示图片】 乙醇的置换产物乙醇钠的用途：乙醇钠C_2H_5ONa。 用途：在医药工业中，乙醇钠是制备巴比妥、苯巴比妥等二十余种西药的原料。 苯巴比妥：长效的镇静催眠剂，有肝病时可用于退黄。 2.乙醇的氧化反应 （1）做燃料。 【过渡】 乙醇可以作为制取西药的原料，能否作为染料呢？展示燃料乙醇汽油（图片）。 乙醇汽油应用前景分析：乙醇作为燃料汽油的优势是什么？ 【学生板书】 学生自己完成反应方程式。 分析断键位置。	C_2H_5—O—H和H—O—H均含有羟基，其中羟基上氢可以被金属钠置换。从结构上分析乙醇的断键位置：由于乙基对羟基的影响，使得羟基氢难断裂。完成方程式。	培养学生分析推理能力及等效类比思想，由钠与水的反应式类比出钠与乙醇的反应式。 教会学生结构决定性质

教学环节	教师活动	学生活动	设计意图
三、乙醇的化学性质	（2）乙醇的催化氧化。 【学生实验】 乙醇的催化氧化（1）。 实验步骤： ①点燃酒精灯，取一根洁净的铜片在酒精灯的外焰上灼烧至红热。 ②在铜片上滴几滴乙醇。 ③重复操作步骤①②2～3次，观察铜片变化并闻液体的气味。 【学生实验】 乙醇的催化氧化（2）。 红色的铜丝，在外焰加热变＿＿＿＿，由外焰移向内焰，铜丝由＿＿＿＿变＿＿＿＿，同时产生＿＿＿＿气味。 注意事项： ①小组内成员的分工与合作。 ②实验过程中注意观察铜丝颜色的变化。 外焰 内焰 焰心 实验现象： （思考） ①铜丝在整个反应中起什么作用？ （催化剂） ②为什么铜丝从外焰到内焰会变红？ ③完成乙醇与钠反应的方程式并找出乙醇的断键位置。 【Flash演示】 乙醇的断键位置。	认真观察和描述实验现象，得出科学的实验结论（铜片改进的实验，使大家耳目一新，其操作简单，现象明显，将趣味性和科学性融为一体）。 小组交流，完成乙醇催化氧化的总反应式，并与老师的讲解对照，学会根据断键的机理来书写化学方程式，注意方程式的配平。	这是本节内容的重点，也是本节内容理解的难点，采用实验探究→讨论→引导→分析的方式，有助于学生的理解。氧化还原反应知识的迁移可降低分析的难度。 利用动画演示微观反应机理，形象生动，有助于化解，难点使学生对于醇催化氧化的断键方式得到巩固。

《生活中两种常见的有机物——乙醇》说课的教学设计

续 表

教学环节	教师活动	学生活动	设计意图
三、乙醇的 化学性质	【教师板书】 实验原理分析： 乙醇的催化氧化 $2Cu+O_2 \xrightarrow{\triangle} 2CuO$ $C_2H_5OH+CuO \xrightarrow{\triangle} CH_3CHO+$ H_2O+Cu 【学生板书】 写出乙醇和氧气反应的总方程式。 ④反应类型。 【教师讲解】 讲解羟基对乙基的影响，导致在此条件下与羟基直接相连的碳上的氢原子断裂，进一步强化结构决定性质的原理 【迁移应用】 焊接银器、铜器时，表面会生成黑色的氧化膜，银匠说，可以先把铜、银在火上烧热，马上蘸一下酒精，铜银会光亮如初 （3）乙醇被强氧化剂氧化——生活中的化学。 【原创模拟酒驾实验】 酒精的快速检测：让驾车人呼出的气体接触载有经过硫酸酸化处理的氧化剂三氧化铬的硅胶，可测出呼出的气体中是否含有乙醇及乙醇含量的高低。如果呼出的气体中含有乙醇蒸气，乙醇会被三氧化铬氧化成乙酸，	倾听。 思考	学以致用 化学与生活密不可分

教学环节	教师活动	学生活动	设计意图
三、乙醇的化学性质	同时橙红色的三氧化铬被还原成绿色硫酸铬。 由交警判断驾驶员是否酒后驾车的方法而引出乙醇能与酸性高锰酸钾溶液或酸性重铬酸钾（$K_2Cr_2O_7$）溶液反应，被直接氧化成乙酸。 【迁移应用】 模拟乙醇在体内的转化：为什么有人千杯万盏皆不醉，有人一杯沉醉不知归路？ 【思考与交流】 谁知道乙醇在人体中的代谢过程？ 【讲解】 饮用酒是由粮食或水果酿造而成的，少量饮酒，能增加唾液、胃液分泌，帮助消化；能扩张血管、舒筋活血、祛风散寒、消除疲劳，还能延缓动脉硬化，预防部分心血管疾病。 过量饮酒，人体肝脏一时无法使乙醇、乙醛和乙酸等全部转化，血液中高浓度的乙醇将减缓大脑中信使分子的有效传递，影响判断力。长期过量饮酒，会使人发胖，还会损伤肝脏；血液中高浓度的乙醛还能致癌，并容易导致心血管疾病急性发作。得肝病的人体内缺少乙醛的氧化酶，而乙醛的毒性是乙醇的10倍以上。所以饮酒要适量，开车不要饮酒，饮酒不要开车	倾听。 了解饮酒的危害	帮助学生树立青少年不饮酒的意识

《生活中两种常见的有机物——乙醇》说课的教学设计

教学环节	教师活动	学生活动	设计意图
四、乙醇的用途	展示身边含量不同的酒精样品图片 饮料　溶剂　消毒剂(75%的乙醇溶液)　燃料	学生归纳、交流总结：乙醇可以做燃料、做饮料、做有机溶剂、消毒、做化工原料	知识系统化
五、小结	【学生总结】 通过本节课的学习，你学到了哪些新的知识？ 你的问题是否得到了解决？ 你是否还有新的问题？	学生整理	为以后的学习做铺垫
六、练习	1.能用来检验酒精中是否含有水的试剂是（　　） A.五水硫酸铜　　　B.无水硫酸铜 C.浓硫酸　　　　　D.金属钠 2.某有机物6g，与足量钠反应生成0.05mol H_2，该有机物可能是（　　） A.CH_3CH_2OH　　B.$CH_3CH_2CH_2OH$ C.CH_3OH　　　　D.CH_3—O—CH_3 3.乙醇与钠反应时在何处断键？____ 4.下列反应可以用来检验司机是否酒后驾车的是（　　） $2K_2Cr_2O_7$（橙红色）+$3CH_3CH_2OH$+$8H_2SO_4 \rightarrow 2Cr_2(SO_4)_3$（蓝绿色） $3CH_3$-C-OH+$2K_2SO_4$+$11H_2O$ 上述反应中，被检测的气体是（　　），氧化剂是（　　），氧化产物是（　　）。 【作业】 搜集资料，回家动手做糯米酒。 原料：糯米、酒曲	学生练习	知识巩固

教学环节	教师活动	学生活动	设计意图
七、教学特点及其反思	特点：理论联系实际，知识与方法并重，结构和实验双管齐下。 （1）以检测酒驾的生活实例引导学生从生活走进化学，激发学生兴趣，悬念导入新课。 （2）引导学生进行体验性学习，让学生观颜色、闻气味、说状态、拼模型、做实验，促进学生由表及里、由浅入深地认识乙醇的结构与性质。 （3）增改实验突出学科特色。改进乙醇的催化氧化实验（铜片），使大家耳目一新，其操作简单，现象明显，将趣味性和科学性融为一体；另外，增加酒精洗涤墨迹实验、酒驾的吹气实验，加强了教学的直观性，培养了学生的实验技能和科学素养，并与开篇首尾呼应，形成了一个和谐的课堂教学整体。 （4）多媒体辅助教学直观有效。例如，乙醇催化氧化的断键和成键的动画形象生动，将微观粒子的运动和变化宏观化，有利于学生掌握有机反应的规律。 反思：缺点是教学容量偏大		

板书设计

生活中两种常见的有机物——乙醇

一、生活中的乙醇

二、物理性质

（1）无色、有醇香味的液体，密度比水的小，具有挥发性。

（2）能溶解多种有机物和无机物，能与水以任意比混溶。

三、乙醇分子的结构

分子式：C_2H_6O

结构式：

$$H-\overset{\overset{\displaystyle H}{|}}{\underset{\underset{\displaystyle H}{|}}{C}}-\overset{\overset{\displaystyle H}{|}}{\underset{\underset{\displaystyle H}{|}}{C}}-C-H$$

结构简式：CH_3CH_2OH 或 C_2H_5OH

四、乙醇与金属钠的反应

$2CH_3CH_2OH+2Na \rightarrow 2CH_3CH_2ONa+H_2\uparrow$

五、乙醇的氧化反应

1. 燃烧反应
2. 乙醇的催化氧化

$$2CH_3CH_2OH+O_2 \xrightarrow[\triangle]{Cu或Ag} 2CH_3CHO+2H_2O$$

3. 与氧化剂的反应

六、乙醇的用途

电解质（第一课时）教学设计

深圳第二高级中学　　王艳丹

本节课从酸、碱、盐溶液的导电性实验（学生分组实验）出发，指出溶液导电的实质是电解质溶于水或受热熔化时离解成能够自由移动的离子，从而引出电离的概念；并且从电离的角度认识酸、碱、盐（通过分组书写电离方程式），通过对物质的分类总结出酸、碱、盐都属于电解质，进而介绍电解质和非电解质的概念和讲解注意事项。

一、教学目标

1. 知识与技能目标

（1）了解电离、电解质、非电解质的概念。

（2）了解电解质导电的原因，会书写电离方程式。

2. 过程与方法目标

（1）在教师的指导下，学生分组实验，探究酸、碱、盐溶液导电的原因，并且从电离的角度认识酸、碱、盐（通过分组书写电离方程式），通过对物质的分类总结出酸、碱、盐都属于电解质。

（2）在学习过程中，学会运用观察、实验等多种手段获取信息，并运用比较、分类、归纳、概括等方法对信息进行加工。

（3）通过质疑"猜测""归纳"等活动，提高分析、联想、类比、迁移以及概括的能力。

3. 情感态度与价值观目标

（1）以"播放生活相关视频"激发学生的学习兴趣，以"迁移·应用"让学生体验学习的成功感，通过"分组探究实验"活动，培养学生合作学习的意识；借助"归纳总结"，培养学生的归纳总结能力；通过"首尾呼应"联系生活实际，让学生受学习化学的学以致用的无穷乐趣。

（2）以酸、碱、盐为主线来研究电离—电离方程式的书写—电解质各知识点有序的衍变分析、推导，让学生感受到化学学习中的逻辑美。

（3）通过"身边的化学——运动饮料和矿工获救后，首先要输电解质溶液"，学生感受到化学其实离自己不远，就在自己身边，让学生关注化学与生命活动的联系。

二、教学重点、难点

（一）知识与技能的重难点

（1）通过酸、碱、盐导电性理解电离的概念。

（2）电离方程式的书写。（从电离的角度认识酸、碱、盐）

（3）电解质与非电解质的区别。

（二）过程与方法的重难点

分组探究实验能力和学生归纳总结能力的培养。

1. 教具准备

（1）电解质分组实验的设备。

（2）视频资料、教学媒体、课件。

2. 教学方法

分组实验探究法、归纳总结法。

三、教学过程

（一）复习引入

运动员运动之后为什么要喝运动饮料？（图片展示）七台河矿难的矿工获救之后为什么首先要输电解质溶液呢？（播放视频）引出本节课题——电解质。

（二）分组实验探究：下列物质能否导电——导电性实验

第一组：HCl溶液、NaOH溶液、NaCl溶液、酒精溶液、KNO_3溶液、KNO_3晶体、熔融的KNO_3

物质	HCl溶液	NaOH溶液	NaCl溶液	酒精溶液	KNO_3溶液	KNO_3晶体	熔融的KNO_3
导电性							
是否是电解质							

第二组：H_2SO_4溶液、KOH溶液、$CuSO_4$溶液、蔗糖溶液、KNO_3溶液、KNO_3晶体、熔融的KNO_3

物质	H_2SO_4溶液	KOH溶液	$CuSO_4$溶液	蔗糖溶液	KNO_3溶液	KNO_3晶体	熔融的KNO_3
导电性							
是否是电解质							

第三组：HNO_3溶液、$Ba(OH)_2$溶液、$BaCl_2$溶液、酒精溶液、KNO_3溶液、KNO_3晶体、熔融的KNO_3

物质	HNO_3溶液	$Ba(OH)_2$溶液	$BaCl_2$溶液	酒精溶液	KNO_3溶液	KNO_3晶体	熔融的KNO_3
导电性							
是否是电解质							

问题探究1：为什么盐酸、NaOH溶液、NaCl溶液能导电？而酒精的水溶液、蔗糖水溶液却不能导电呢？

学生讨论：（结合金属导电的原因：播放金属导电视频）在教师的引导下沿着以下路径分析归纳：金属能导电→金属内部有自由移动的带负电的电子。

盐酸、NaOH溶液、NaCl溶液导电是因为它们的溶液在外加电场的作用下，形成电流。

问题探究2：晶体NaCl中存在Na^+和Cl^-，食盐晶体熔融时或者在水溶液中也存在Na^+和Cl^-，请思考这三种情况下离子的运动有什么不同？（用图片展示NaCl晶体的结构，用动画演示NaCl溶液在水中电离的过程。）

食盐晶体中的离子之间距离较小，受电性吸引不能自由移动；但是在溶液中在水分子的作用下，离子之间距离较大，可以自由移动；食盐晶体在融熔状态下，受热使离子动能增加，也可以自由移动。可以说，溶（熔）液中存在着自由离子，就像金属中存在自由电子一样，这是导电的原因。

四、板书

1. 电离

电离：在溶解于水或受热熔化时，离解成能够自由移动的离子的过程称为电离。

思考：电离与通电有关吗？

电离与通电无关，若电离则可导电。

2. 电离方程式的书写

练习：书写下列各组物质的电离方程式，进一步从电离的角度认识酸、碱、盐。（请观察总结电离之后的离子类别有什么规律。）

（1）盐酸、硫酸、硝酸。

（2）NaOH、KOH、Ba（OH）$_2$。

（3）NaCl、CuSO$_4$、BaCl$_2$。

迁移·应用：请写出NaHSO$_4$的电离方程式，指出它属于酸、碱、盐中的哪一类。

$$NaHSO_4 \!=\!\!=\!\! Na^+ + H^+ + SO_4^{2-}$$

NaHSO$_4$能电离出金属阳离子和酸根阴离子，属于盐。因为NaHSO$_4$电离产生的阳离子不全部是H$^+$，所以它不是酸。

过渡：初中我们学习过物质的分类，酸、碱、盐属于化合物，刚才我们通过实验发现某些酸、碱、盐溶液可以导电，我们说酸、碱、盐属于电解质。那么什么是电解质？

3. 电解质

电解质和非电解质。

电解质：水溶液或熔融状态下能够导电的化合物。

非电解质：水溶液或熔融状态下都不能导电的化合物。

小结：酸、碱、盐都是电解质，酒精、蔗糖等绝大多数有机物是非电解质。

交流·研讨：根据你已有的知识和生活经验，举例说明哪些物质是电解质，哪些物质是非电解质。

注意：

（1）电解质、非电解质都是化合物，单质既不是电解质也不是非电解质。

（2）导电的条件：水溶液（化合物自身电离）或熔化状态。

（3）难溶于水的盐属于电解质。

课堂训练：

下列物质是电解质的是_____，是非电解质的是_____，既不是电解质也不是非电解质的是_____。

①KNO$_3$；②H$_2$SO$_4$；③食盐水；④NaOH；⑤BaSO$_4$；⑥Na$_2$CO$_3$；⑦盐酸；

⑧Cu；⑨SO_3；⑩蔗糖。

巩固练习：

1. 下列说法正确的是（　　　）

A. 铜能导电，铜是电解质

B. 盐酸能导电，盐酸是电解质

C. 不能导电的物质一定是非电解质

D. 一般情况下，酸、碱、盐都是电解质

2. 下列电离方程式中，正确的是（　　　）

A. $Al_2（SO_4）_3 === 2Al^{+3} + 3SO_4^{-2}$

B. $K_2SO_4 === 2K^+ + S^{6+} + 4O^{2-}$

C. $CuCl_2 === Cu^{2+} + 2Cl^-$

D. $Na_2CO_3 === Na^+ + CO_3^{2-}$

自我评价：

1. 下列叙述正确的是（　　　）

A. 固体氯化钠不导电，所以氯化钠是非电解质

B. 铜丝能导电，所以铜是电解质

C. 氢氧化钠水溶液能导电，所以氢氧化钠是电解质

D. 氯化钠溶液能导电，所以氯化钠溶液是电解质

2. 下列物质既不是电解质也不是非电解质的是（　　　）

A. Na_2SO_4　　　　　　　　　　　　B. 酒精

C. Cl_2　　　　　　　　　　　　　　D. HCl

3. 下列电离方程式正确的是（　　　）

A. $H_2SO_4 === H^+ + SO_4^{2-}$　　　　　　　B. $CuCl_2 === Cu^{2+} + Cl^{2-}$

C. $Ba（OH）_2 === Ba^+ + OH^{-2}$　　　　　　D. $HNO_3 === H^+ + NO^{3-}$

思考： 矿工被解救之后补充电解质的原因是什么？

为了保证人体生理活动的正常进行，需要维持体内的电解质平衡，存在于细胞液和体液中的Na^+、K^+、Cl^-等对这种平衡发挥着重要作用。矿工由于

很久未补充体液，出现电解质浓度失衡、紊乱，使神经和肌肉的应激受到影响，就会产生恶心、呕吐和肌肉痉挛等症状，因此，矿工被解救之后要及时补充电解质，也就是要及时补充水分和盐分，以维持体内的水、电解质平衡，从而维持生命。

五、总结回顾

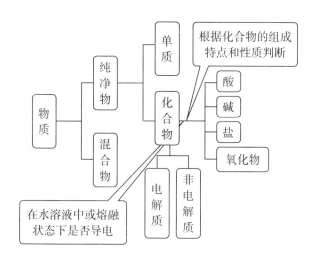

六、作业

（1）完成《优化训练》的题目。

（2）到图书馆查阅"电解质与生命"等资料，写一篇小文章。

（3）有兴趣的同学可以自制水果电池（如苹果电池）。

（4）Al_2O_3是电解质吗？为什么？

七、教学反思

教师用联系生活的饮料和矿工输液的视频引入，教学的各个环节都以酸、碱、盐为主线，引导学生主体参与教学过程。学生通过分组实验探究、小组讨论、归纳总结、表达交流等方式参与了教学的全过程。在此过程中学

电解质（第一课时）教学设计

生的思维能力、表达能力、分析综合能力，特别是合作能力、归纳总结能力等都得到了提高，改变了传统教学中过于注重知识传授，学生被动接受的学习方式。本课例的优点：初步体现了引导学生主动参与，不断实践、独立思考、合作探究的学习方式。本课例开头、结尾都提到了人体补充运动饮料的成分（电解质），做到了首尾呼应。

从生活走向化学　用化学指导未来

——新世纪版《化学与生活》（选修）模块教学研究

深圳第二高级中学　王艳丹

2020年9月份开学，我校的6个文科班开设了《化学与生活》（山东科学技术出版社）（选修）模块。一个月后，为了更好地了解课程的开设情况，我们在6个班（251人）中进行了问卷调查（附件），共收到有效调查问卷206份，通过学生反映的情况，并结合教师教学中的体会，我们对这一模块的教学有以下几点思考。

一、一个积极、融洽、愉快的课堂

问题1. 和以往的化学教材相比，你喜欢《化学与生活》（选修）这本教材吗？（　　　）

A. 喜欢（92.2%）

B. 不喜欢（7.8%）

问题2. 你对《化学与生活》（选修）这门课感兴趣吗？（　　　　）

A. 有兴趣（89.8%）

B. 没兴趣（10.2%）

由以上的数据我们欣喜地看到，现在绝大多数学生都喜欢这门课，这是和以往的化学教学最大的不同。表现在课堂上，教师上课的情绪都是非常愉快的，不再为知识点讲多了学生消化不了而发愁，不再为题海战术中学生做不好题而苦恼，将时间留给学生，真正做到以学生为主体、以教师为主导；学生结合自己的生活经验积极动手进行探究实验，大胆举手发言，有不同意见时马上提出来。这正是新课程所提倡的"自主、探究、合作"的学习，从而形成了现在积极、融洽、愉快的课堂气氛。例如，有一次，学校教务处在学生中进行各个学科的教学调查，学生告诉我："老师，我们给您的评价是非常满意。"我想这更应该是学生对《化学与生活》（选修）这一门课的评价。

二、教师思想的转变是开好课的前提

对于一个全新的模块，教师必须先学习，深刻领会课程标准和教材的内涵，从而去指导教学。开学前，备课组的教师深深地认识到这一点，并有针对性地进行了认真的学习，这里先回顾一下。

1. 明确课程目标

《普通高中化学课程标准（实验）》阐述了这一模块的课程目标："了解日常生活中常见物质的性质，探讨生活中常见的化学现象，体会化学对提高生活质量和保护环境的积极作用，形成合理使用化学品的意识，以及运用化学知识解决有关问题的能力。""通过本课程模块的学习，学生应主要在以下几个方面得到发展：认识化学在促进人类健康、提供生活材料和保护环境等方面的重要作用；能应用所学化学知识对生活中的有关问题做出判断和解释；认识化学科学的发展对提高人类生活质量的积极作用，形成可持续发展的思想。"这就是知识与技能、过程与方法、情感态度与价值观三个方面的统一。新世纪版教材组提供的一个图例能更直观地表示课程目标：

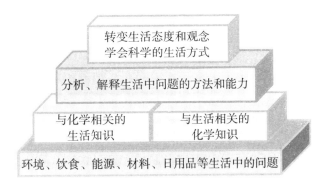

转变生活态度和观念
学会科学的生活方式

分析、解释生活中问题的方法和能力

与化学相关的
生活知识

与生活相关的
化学知识

环境、饮食、能源、材料、日用品等生活中的问题

2. 掌握教学内容

《普通高中化学课程标准（实验）》对教学内容的阐述："本课程模块以学生的生活经验为基础，力求使课程内容能够贴近学生、贴近生活。"设置的三个主题分别是化学与健康、生活中的材料、化学与环境保护。新世纪教材组对教材的编排原则是：突出主题导向、课题驱动、以点带面；大胆凸显社会生活问题中心、技术问题中心的课程设计取向；使学生直面个人生活、工农业生产、技术进步和社会发展中的重要问题；学习化学、应用化学，包括空气质量、饮用水、垃圾处理、食物中营养素、平衡膳食、食品添加剂、保健食品、电池、家用燃料、汽车燃料、衣料、宝石、家居装修材料、金属制品防护、高分子材料、医药常识、卫生清洁用品、化妆品共18个课题。所以，我们在教学中不仅要用教材，还要充分发掘生活素材，将与化学相关的生活问题和生活知识，与生活相关的化学问题和化学知识，有利于分析和解决生活问题的方法和意识三个方面的内容融合统一。

3. 转变教学方式

《普通高中化学课程标准（实验）》对教学方式的要求是："应重视学生的积极参与，使学生通过查阅资料、调查访问、参观讨论、实验探究等活动，切实感受化学对人类生活的影响。"新世纪版教材组在教材的编写中充分体现了教学方式的转变，依据科学学习规律和学生心理发展特点，运用丰富多样、功能强大的教材栏目体系，倡导积极主动的以探究为核心的多样化教学方式，培养学生的创新精神和实践能力。所以，我们在具体教学中也应该改变以往"满堂灌"的方式，根据不同的教学内容，选择不同的教学方式，充分调动学生的积极性。

4. 教师需要不断学习

在思想上与课程标准和教材保持高度的一致性之后，我们也在结合课程标准和教材进行反思。作为教师，我们最大的感受就是"活到老、学到老"的重要性。为什么这样说？高中化学知识体系是有限的，而生活知识、生活问题是无限的。由于针对老教材的多年教学，化学教师自己是否具有关注生活问题的意识？是否掌握与化学知识相关的生活问题和生活知识？是否具备分析和解决生活问题的能力？显而易见，教师们这几个方面的能力是欠缺的。所以在结合教材进行教学的过程中，教师不能只把自己局限在课本上，要拓宽视野，多方面吸取新鲜的知识信息，这一点很重要。

三、我们的做法

1. 将教学方式的转变落到实处

有一个童话故事《小马过河》，讲的是小马要自己过一条从没淌过的河，牛伯伯说："河水不深，才到我的小腿。"小松鼠说："小马别过河！这河可深啦，你会被淹死的！"小马妈妈对小马说："你为什么不自己到河里去试试呢？做什么事只有自己试过了，才能知道是否能成功。孩子，光听别人说，自己不动脑筋，不去试一试，是不行的。河水是深是浅，你去试一试就知道了。"小马听了妈妈的话，终于到了河对岸。原来，河水既不像牛伯伯说的那么浅，也没有小松鼠说的那么深。这个童话故事很有启发性，教师在教学中是要像牛伯伯或小松鼠一样，还是像小马妈妈一样，哪种教学效果好，答案是显而易见的。所以，从一开学我们就以一种全新的方式投入到此模块的教学中，经过一段时间的实践以后，学生对教学方式的认识也发生了很大的变化：

问题3. 你觉得《化学与生活》（选修）这一模块的学习和以前的化学学习最大的不同是什么？

A. 所学的内容简单易懂，和生活实际联系紧密（46.1%）

B. 教学方式有所改变（27%）

C. 通过对这一模块的学习，觉得化学是一门实用有趣的科学（14.6%）

D. 题目灵活，贴近生活，没有题海战术（12.3%）

问题4. 你认为学好这一模块的学习方法是什么？（可多选）

A. 查阅相关资料，多开展交流研讨（15.1%）

B. 积极开展探究实验（15.1%）

C. 可结合具体情况开展参观、调查、访问等活动（11.7%）

D. 上课认真听讲，多做习题（27.2%）

E. 学以致用，将所学的知识应用于生活实际（48.1%）

问题5. 你认为老师现在的教学方法合理吗？

A. 合理（37.4%）

B. 基本合理（58.2%）

C. 不合理（4.4%）

从以上的调查可以看出，教学方式的转变促使学生"易学、乐学、擅学"。那么总结我们在《化学与生活》（选修）教学中的做法：学生能通过自己的努力弄懂的，教师不讲；将兴趣的培养和知识的传授相结合；充分利用教材设置的学习活动栏目，积极开展以实验为主的探究式学习，教学方式和学生活动多样化；注意把握知识内容教学的深度、广度，而不用应试的方法进行教学。例如，主题2中的课题3"我们需要食品添加剂吗"一节采用的是小组合作交流的方式进行教学的，课前将四个学生分成一个小组，以课题的形式对家里食品中所还含有的添加剂进行调查、分类，明确功能，再任选其中的一种添加剂，通过查阅资料、交流讨论等方式重点掌握它的性质、结构、功能和特性。上课时每个小组由代表进行发言和展示。学生不仅介绍了书上提到的添加剂，还介绍了书上没有提到的添加剂，并提出了自己的看法

从生活走向化学　用化学指导未来

和认识，最后根据每个小组的表现评定等级。这一节课很有成效，实践证明比教师"一言堂"要好多了。又如，主题1中课题2"获取安全的饮用水"的第二课时关于水的硬度和硬水软化的教学，在以往的教学中学生对水的硬度的概念是不太好理解，我们将教学做了调整：先组织探究实验——降低碳酸氢钙、碳酸氢镁、氯化钙、氯化镁几种溶液中钙离子和镁离子的浓度，学生有了亲身体会之后，再介绍水的硬度的概念及硬水软化的方法，学生就很好理解了。

2. 评价方式的转变势在必行

还是先来看看学生的调查问卷，以下几个问题能不能算作教学评价的一个方面？

问题6. 你认为《化学与生活》（选修）模块的学习与我们的衣、食、住、行关系密切吗？

A. 很密切（55.3%）

B. 有一定联系（42.7%）

C. 没关系（2.0%）

问题7. 你认为《化学与生活》（选修）模块的学习对自己的生活有指导意义吗？

A. 很有意义（28.7%）

B.有一定的指导意义（62.1%）

C. 没有任何指导意义（9.2%）

问题8. 你会结合自己所学的知识去指导自己、家人和朋友的生活或对有关生活中的问题做出判断和解释吗？

A. 会（68.0%）

B. 有时会（24.2%）

C. 不会（7.8%）

问题9. 在学习《化学与生活》（选修）的过程中，你对该门课程的理解和态度是：

A. 是化学科学的重要分支，对化学基本理论的学习是必要的补充，必须认真学习，积极参与交流研讨并开展探究实验活动（20.1%）

B. 对生活有重要的指导意义，趣味性、实用性强，应该努力学好，增强自己理论联系实际的能力（53.9%）

C. 重要性不大，只是对生活中涉及的化学知识的简单归纳（19.2%）

D. 在高考中不是重点内容，在生活中懂不懂化学知识不是太重要，所以学与不学意义不大（6.8%）

从学生的回答中可以看出，绝大多数学生已经具备了运用化学知识解决生活问题的意识，这也正是此模块教学的目标之一，所以就不能再简单地以分数来衡量学生的学习。学生问卷调查中的第10个问题：

问题10. 你认为采取哪种方式评价这一模块的学习才是比较合理的？

A. 考试分数（15.5%）

B. 分小组开展调查研究，写出调查研究报告，评定等级（29.6%）

C. 根据探究实验的情况评定等级（21.8%）

D. 综合以上三项（35%）

选综合评价的学生人数是最多的。基于以上的分析，我校制定此模块的评价原则是：评价方式应采用多种形式，既重视考查学生对知识的理解应用，也要重视对学生活动表现的评价。具体的评价办法如下：

《化学与生活》（选修）模块成绩评价办法

一、定性评价：（40分）。

1. 作业：10分。

2. 探究实验表现：10分。

3. 交流研讨：20分。

二、定量评价：（模块纸笔测试）总分100分最后折合为60分。

三、评价等级：以总分（定性评价分+定量评价分）来计，85分以上为优秀；70～84分为良好；60～69分为及格；60分以下为不及格，不给学分。

四、存在的问题

1. 教师的转变程度不够

回顾教学中的问题，有时候教师的"胆子还是不够大"，还是老的教学思想，不太相信学生，总觉得有些地方没讲到不太放心，但讲了之后才发现，这样的教学方法很不合适。由此可见，教学方式的转变也要在教学实践中不断摸索，积累经验，逐步达到教学方式与教学内容的统一。

2. 以实验为主的科学探究的开展受到硬件条件的制约

由于学校的实验室条件有限，结合新教材的许多仪器和药品不能及时配备，所以很多时候是发动学生、教师一起准备探究实验，这样做有利也有弊，"利"是在一定程度上增强了学生对实验的认识，"弊"是耗费了大量的时间。

3. 教学深度和难度的把握不到位

例如，在进行主题3中课题1《电池探秘》的教学时，还是像以前一样进行了一系列有关电池原理的练习，难度和深度都比教材要深，这样的处理是不符合课程标准的。

总之，我们在《化学与生活》（选修）模块的教学中积累了一定的经验，也存在不足之处，我们会继续探索。最后以新世纪版教材组提出的"激发学习兴趣，引导学生探究；从生活走进化学，揭示科学道理；从身边瞭望社会，从目前展望未来；用化学指导生活，提高科学素养"作为此模块教学的共同追求，和大家共勉。

附件：关于《化学与生活》（选修）模块教学的学生调查问卷

同学们：

在我们学了《化学与生活》（选修）模块的主题1（环境问题）和主题2

（平衡膳食）后，请结合自己的感受协助完成以下问题，在你所选的选项前打√。

问题1. 和以往的化学教材相比，你喜欢《化学与生活》（选修）这本教材吗？

A. 喜欢 B. 不喜欢

问题2. 你对《化学与生活》（选修）这门课感兴趣吗？

A. 有兴趣 B. 没兴趣

问题3. 你觉得《化学与生活》（选修）这一模块的学习和以前的化学学习最大的不同是什么？

A. 所学的内容简单易懂、和生活实际联系紧密

B. 教学方式有所改变

C. 通过对这一模块的学习，觉得化学是一门实用有趣的科学

D. 题目灵活，贴近生活，没有题海战术

问题4. 你认为学好这一模块的学习方法是什么？

A. 查阅相关资料，多开展交流研讨

B. 积极开展探究实验

C. 可结合具体情况开展参观、调查、访问等活动

D. 上课认真听讲，多做习题

E. 学以致用，将所学的知识应用于生活实际

问题5. 你认为老师现在的教学方法合理吗？

A. 合理 B. 基本合理 C. 不合理

问题6. 你认为《化学与生活》（选修）模块的学习与我们的衣、食、住、行关系密切吗？

A. 很密切 B. 有一定联系 C. 没关系

问题7. 你认为《化学与生活》（选修）模块的学习对自己的生活有指导意义吗？

A. 很有意义 B. 有一定的指导意义 C. 没有任何指导意义

从生活走向化学 用化学指导未来

问题8. 你会结合自己所学的知识去指导自己、家人和朋友的生活或对有关生活中的问题做出判断和解释吗?

A. 会　　　　　　　B. 有时会　　　　　　C. 不会

问题9. 在学习《化学与生活》(选修)过程中,你对该门课程的理解和态度是:

A. 是化学科学的重要分支,对化学基本理论的学习是必要的补充,必须认真学习,积极参与交流研讨并开展探究实验活动

B. 对生活有重要的指导意义,趣味性、实用性强,应该努力学好,增强自己理论联系实际的能力

C. 重要性不大,只是对生活中涉及的化学知识的简单归纳

D. 在高考中不是重点内容,在生活中懂不懂化学知识不是太重要,所以学与不学意义不大

问题10. 你认为采取哪种方式评价这一模块的学习才是比较合理的?

A. 考试分数

B. 分小组开展调查研究,写出调查研究报告,评定等级

C. 根据探究实验的情况评定等级

D. 综合以上三项

参考文献:

[1]中华人民共和国教育部.普通高中化学课程标准(实验)[M].北京:人民教育出版社,2003.

[2]北京师范大学国家基础教育课程标准实验教材总编委会组.普通高中课程标准实验教科书·化学与生活(选修)[M].济南:山东科学技术出版社,2004.

[3]王磊.高观点 大视野 多角度——"新世纪"版高中化学必修教材的特点及实施情况简介[J].化学教育,2005,26(3):13-17.

元素周期律和元素周期表教学设计

深圳市第二高级中学　王艳丹

一、课时安排

3课时。（以下内容是第一课时）

二、三维目标

1. 知识与技能

（1）掌握最外层电子排布、原子半径、主要化合价的周期性变化规律，培养学生对数据处理的能力。

（2）理解元素周期律的实质。

（3）培养学生对知识的归纳、整理、综合和抽象、概括的能力。

2. 过程与方法

通过复习初中知识，学生自我探究活动，自己观察、分析、归纳等方式总结原子核外电子排布、原子半径和元素主要化合价的周期性变化。

3. 情感、态度与价值观

（1）激发学生的好奇心。

（2）培养学生学习自然科学的方法，激发学生进行探究性学习的兴趣。

三、教学重难点

原子核外电子排布、原子半径和元素主要化合价的周期性变化规律。

四、教学方法

利用教材资源组织学生展开交流、研讨；让学生对教材提供的原子半径、元素化合价等数据进行处理，发现元素周期律。

五、教具准备

多媒体辅助教具。

六、教学过程

（提出问题，导入新课）

迄今为止，人类已经发现了一百多种元素，而各种元素的种类又都是由该种元素原子核内的质子数（核电荷数）决定的，那么核电荷数不同的各种元素之间是相互独立的还是相互关联的呢？

我们在第一模块学过卤族元素，它们的结构和性质具有相似性。在其他元素之间有没有这种相似性呢？这就是本节课要和大家一起探讨的主题——元素周期律和元素周期表。

（提出问题）什么是周期？

（师）像钟表计时，从零点到24点为一天，再从零点到24点又为一天，这种周而复始、循环往复的现象就叫周期。

周期表中的一百多种元素也存在着周期性的变化，生活中计时，一天是以小时为序排列而体现周期性的，那元素是以什么为序排列来体现它的周期性的呢？

（阅读工具栏）原子序数。

（提出问题）根据原子序数的规定方法，原子序数与前面学过的有关原子组成中的哪些微粒有联系？

（学生回答略）

（板书）原子序数=核电荷数=质子数=原子的核外电子数。

（投影）展示元素周期表。

（师）观察1～18号元素的排列，同学们一定会有疑问：为什么要把这18种元素按照现在这样的顺序排列？

（板书）：元素周期律。

（活动探究，引入本节课主题之一：元素周期律）

写出1~18号元素的元素符号、原子结构示意图、电子层数、最外层电子数。

（投影）1~18号元素的原子结构示意图。

（投影）原子序数与原子核外电子排布的关系：

原子序数	电子层数	最外层电子数	达到稳定结构时的最外层电子数
1~2	1	1～2	2
3~10	2	1～8	8
11~18	3	1～8	8

（阅读教材，了解画图方法）

（活动探究）学习小组内讨论，选择数据处理方法，分工作图，组内交流、讨论。

（1）用直方图表示元素的最外层电子数随着原子序数的递增而表现出的变化，从中找出规律。

（2）用折线图表示元素的主要化合价随着原子序数的递增而表现出的变化，从中找出规律。

（3）用折线图表示原子半径随着原子序数的递增而表现出的变化，从中找出规律。

（小组代表发言，内容略）

（投影）元素的最外层电子数随着原子序数的递增而变化的直方图。

（投影）原子序数与主要化合价的关系：

原子序数	主要化合价的变化
1~2	+1 → 0
3~10	+1 → +5 −4 → −1
11~18	+1 → +7 −4 → −1

（投影）随着原子序数的递增，元素主要化合价变化的折线图。

（投影）原子序数与原子半径的关系：

原子序数	原子半径的变化
3~9	0.152nm → 0.071nm 大 → 小
11~17	0.186nm → 0.099nm 大 → 小

（投影）随着原子序数的递增，原子半径变化的折线图。

（归纳小结并投影板书）

（1）随着元素原子序数的递增，元素原子最外层电子排布呈现周期性的变化。

（2）随着元素原子序数的递增，元素的化合价呈周期性变化。

（3）随着元素原子序数的递增，原子半径呈周期性变化。

（讲解）在研究原子半径的时候，为什么不把稀有气体的原子半径放进去一起比较？因为稀有气体原子半径的测定与相邻元素原子半径的依据不同，数字不具有可比性。

（投影练习）比较下列微粒半径的大小：

①O和F；②Na和Mg；③Cl和F；④Na^+和Mg^{2+}；⑤Na和Na^+；⑥Cl和Cl^-。

（讲解并投影板书）

（1）核电荷数不同，电子层数越多，半径越大，如Cl>F。

（2）电子层数相同，核电荷数越大，半径越小，如Na>Mg，Na^+>$Mg2^+$。

（3）同种元素的原子半径＞阳离子半径，如Na＞Na⁺。

（4）同种元素的原子半径＜阴离子，如Cl＜Cl⁻。

（投影）问题：

（1）哪种结构的原子会出现负价？

（2）最高正价和最低负价之间有什么关系？

（生）最高正价与最低负价的绝对值之和为8。

（投影板书）最高正价+｜最低负价｜=8。

（教师）元素原子的核外电子排布随着原子序数的递增而呈周期性变化就是元素周期律的实质。

（课堂小结并投影板书）

从以上结论我们可以归纳出这样一条规律：随着元素原子序数的递增，元素原子最外层电子排布、元素的化合价、原子半径呈现周期性的变化，即元素的性质随着元素原子序数的递增而呈周期性变化，这个规律叫元素周期律。这也是我们本节课的题目的内涵所在。

元素周期律的实质：元素原子的核外电子排布随原子序数的递增而呈周期性变化。

练习应用：

1. 比较下列微粒半径大小：

Na_____Al　　Na_____S　　Na_____K

Na⁺_____Al³⁺　　Na⁺_____K⁺　　Cl⁻_____S²⁻

S²⁻_____S　　Al_____Al³⁺

2. 某元素的最高正价与负价的代数和为4，则元素原子的最外层电子数为（　　　）

A. 4　　　　B. 5　　　　C. 6　　　　D. 7

3. 下列各组元素中，按最高正价由高到低，负价绝对值由低到高顺序排列的是（　　　）

　A. Na、Mg、Al　　　　　B. F、O、N

C. N、O、F   D. S、P、Si

4. 元素性质随着原子序数的递增呈周期性变化的原因是（   ）

A. 元素原子的核外电子排布呈周期性变化

B. 元素原子的半径呈周期性变化

C. 元素的化合价呈周期性变化

D. 元素原子的电子层数呈周期性变化

七、作业

（1）P17.2。

（2）预习元素周期表。

八、板书设计

第二节　元素周期律和元素周期表

原子序数=核电荷数=质子数=原子的核外电子数。

元素周期律：

1. 随着元素原子序数的递增，元素原子最外层电子排布、元素的化合价、原子半径呈现周期性的变化。

2. 微粒半径的比较：

（1）核电荷数不同，电子层数越多，半径越大，如$Cl > F$。

（2）电子层数相同，核电荷数越大，半径越小，如$Na > Mg$，$Na^+ > Mg^{2+}$。

（3）同种元素的原子半径＞阳离子半径，$Na > Na^+$。

（4）同种元素的原子半径＜阴离子，如$Cl < Cl^-$。

3. 元素最高正价和最低负价之间的关系：最高正价+｜最低负价｜=8。

4. 元素周期律的实质：元素原子的核外电子排布随着原子序数的递增而呈周期性变化。